J.M. Kempa
Unser Deutschland – Quo vadis?

J.M. Kempa

Unser Deutschland – Quo vadis?

Ein Land schafft sich ab, mitten in Europa
Ein schwacher Staat und die gefährliche ungezügelte Freiheit

Früher: Land der Dichter und Denker
Heute: Land der Nörgler, Neider, Spaßgesellschaft
Morgen: Land im Wandel der Protestgesellschaft

Rediroma-Verlag

Bibliografische Information der Deutschen Nationalbibliothek:
Die Deutsche Nationalbibliothek verzeichnet diese Publikation in der Deutschen Nationalbibliografie; detaillierte bibliografische Daten sind im Internet über http://portal.dnb.de abrufbar.

ISBN 978-3-96103-903-6

Umschlagillustration:
Akos Nagy (shutterstock.com)

www.rediroma-verlag.de
8,95 Euro (D)

Inhalt

Vorwort

Die Bundesrepublik Deutschland im Jahre 1962. Mein Geburts- und Heimatland. Eine Nation im beginnenden Wandel. Die 60er waren das siebte Jahrzehnt des 20. Jahrhunderts. Es war die Zeit des Vietnamkrieges, der Studentenbewegung und der sexuellen Revolution. Zahlreiche Demonstrationen, sehr oft nicht ganz so friedlich, aber nicht so ausufernd und brutal wie heute. Unvergessen ist der erste Raumflug eines Menschen durch den Russen Juri Gagarin, 1961. Der Contergan-Skandal, der zahlreiche Menschen für ihr ganzes Leben durch fehlende Gliedmaßen verkrüppelt hat. Die Kubakrise, die nur das besonnene Handeln einzelner Politiker die Welt vor einem erneuten und noch zerstörerischen Krieg bewahrt hat. Leider fiel der damalige und maßgebliche US-Präsident, John F. Kennedy 1963, einem feigen Attentat zum Opfer. In Deutschland ist die Elbe-Flut in Hamburg 1962 unvergessen. Die Flower-power-Bewegung, aus der die sexuelle Revolution hervorging, hat sich entwickelt und endete später im Jahre 1969 in dem legendären Woodstock-Festival und war der Höhepunkt der Hippie-Bewegung. Alles lief sehr friedlich ab, obwohl tausende Menschen auf einem Acker zusammen feierten und es keine Auseinandersetzungen wie heute so üblich gab.

Viele geschichtlich entscheidenden Ereignisse waren ein Merkmal der 60er. Für die Bundesrepublik war ein einschneidendes und schmerzliches Ereignis der Bau der Mauer im Jahre 1961, welches die Republik und unser Volk auf Jahre bis zum Fall 1989 trennen, aber niemals spalten sollte. Starke und sehr charismatische Politiker haben diese Zeit geprägt und genau solche Politiker und Weltgeschichtenlenker fehlen heute. Die heutigen Entscheidungsträger, die sich sehr gerne Politiker nennen, sind nur ein peinlicher und billiger Abklatsch dieser großen Staatslenker.

Konrad Adenauer, Willy Brand, Charles de Gaulle, Fidel Castro John F. Kennedy und sein Bruder Robert F. Kennedy, Martin Luther King, Nikita Chruschtschow, Che Guevara, Mao Zedong, Walter Ulbricht und noch sehr viel mehr für die Geschichte unvergessenen Persönlichkeiten. Wer spricht denn von den heutigen weich gespülten und schleimigen Politikern in 100 Jahren so voller Ehrfurcht? Keiner. Es sind nur Lachnummern und hoffentlich sehr schnell vergessen. Die Geschichte wird es lehren, dass die heutigen Politiker und deren Staatssekretäre ein wohlhabendes Land in die Pleite gelenkt haben. Die nachfolgenden Generationen müssen dafür bezahlen! Diese

Politiker verschwinden aber sehr bald in der Versenkung, denn jedes Jahr an dem diese unfähigen Volksvertreter die Geschicke dieses Landes lenken, zerstört durch ihr naives und selbstherrliches Gehabe all das was sich unsere Eltern, Großeltern und ihre gewählten Politiker in den langen Jahren aufgebaut haben. Sie sind auf dem besten Wege, den inneren Frieden und die Einheit unserer Republik und Europa durch ihr kopfloses und naives Handeln zu zerstören.

Auch in Schriftstellerkreisen, im Sport und der Popmusik traten solche Ikonen in die Weltgeschichte ein und werden unvergessen bleiben. Wer kann sich in 50 Jahren noch an die Gestalten, die sich „Stars“ nennen, erinnern? Es gibt Ausnahmen, aber es sind sehr wenige. Von den „Reality-Show-Fratzen“ ganz zu schweigen. Nur noch peinlich und hoffentlich bald in der Versenkung verschwunden.

Ich kann mich auch noch sehr gut an die Zeit erinnern, als die Jugend und die Gesellschaft noch respektvoll mit den Lehrkräften, der Polizei, den älteren Mitbürgern und dem Eigentum anderer umgegangen ist. Es war keine Hörigkeit oder Ehrfurcht, aber es war Respekt. Dieses Wort und die Bedeutung fehlt heutzutage in unserer Gesellschaft völlig. Wir hätten niemals die Lehrkräfte bedroht oder beleidigt, denn sonst wären die Konsequenzen, erst zu Hause und dann in der Schule sehr schmerzhaft gewesen. Heute unvorstellbar. Und von wegen einen Polizisten körperlich oder verbal angehen. Die Schulzeit war geprägt von Lehrkräften der „alten Schule“, die bestimmt haben. So manche Lehrer haben ihre Ausbildung und Anfangszeit im NS-Regime durchlaufen. Das hat man auch deutlich bemerkt, wenn ich jetzt so darüber nachdenke. Damals wurde es, wie sollte es auch anders sein als völlig normal empfunden, dass beim Betreten der Lehrerkräfte des Klassenzimmers alle aufgestanden sind und mit einer Stimme den Lehrer oder die Lehrer begrüßt hatten. Nach der Aufforderung zum Setzen begann der Unterricht. Kein Handy, das gab es damals noch nicht, kein Comiclesen unter der Schulbank, kein Kaugummikauen wie eine Kuh waren erlaubt. Aber völlige Ruhe und Aufmerksamkeit während der Unterrichtstunde. Natürlich gab es Ausnahmen. Die Strafe, auch körperlich, folgte sofort. Dies gibt es heute nicht mehr. Ich kann mich noch sehr gut an die zahlreichen Strafarbeiten erinnern, die ich schon für kleinste Vergehen erhielt. Auch die „Kopfnüsse“ oder die „Klammergriffe“ in meinem Genick durch meinen Mathematiklehrer sind mir sehr gut in Erinnerung geblieben. Heute würde dieser Lehrer aus dem Schuldienst entfernt werden und eine Klage wegen körperlicher Misshandlung am Hals haben. Und das mit Recht. In den 60ern und 70ern interessierte das niemanden. Im Gegenteil. Hätte ich mich zu Hause beschwert, dann konnte es sein, dass es die nächste Abreibung gab mit dem entsprechenden Kommentar. „Wird nicht unbegründet sein und schadet nicht.“ Basta. Da ist nicht Mama oder Papa in die Schule gelaufen und hat Beschwerde eingereicht. Und wenn schlechte Schulnoten vergeben wurden, dann war das so. Das eigentlich verwunderliche ist, dass gerade die Helikoptereltern, wie es so schön und neudeutsch heißt, die Schlimmsten sind. Diese Glucken verhätscheln und verwöhnen ihre Kinder so sehr, dass diese nicht für das reale Leben gewappnet sein können. Es beginnt schon in der Grundschule. Was wird da denn herangezüchtet? Genau diese Idioten wie in Kapitel 19 beschrieben, ganz ohne Verantwortungsgefühl und Respekt gegenüber den Mitmenschen!

Respektvoll trat man immer einem Polizisten gegenüber. Wenn ich die Bilder in den Medien sehe, wie sich unsere Gesellschaft, besonders die junge und mittlere Generation benimmt, da muss ich davon ausgehen, dass in deren Erziehung und Bildung viel versäumt worden ist. Das ist eben das Resultat dieser grenzenlosen und ungezügelten Freiheit ohne Verantwortung gegenüber der Gesellschaft. Schuld ist auch die Politik. Schwache und selbstverliebte, dumm daherredende Politiker, fachen genau dieses Verhalten an. Und dann das obligatorische blöde Gesicht ziehen, wenn alles aus dem Ruder läuft.

Die 70er. In den westlichen Ländern, demnach auch in der Bundesrepublik Deutschland, galten die 70er Jahre aus heutiger Sicht gesehen als eine Zeit von Krisen, Umbrüchen und Veränderungen. Wer kann sich nicht an die Ölpreiskrisen von 1973/74 und 1979 erinnern? Leere Autobahnen und das Ende des Nachkriegsboom der westlichen Wirtschaft und der Stagnation in den einzelnen Ländern. Damals war es das Öl, das nicht mehr so reichlich geflossen ist, weil uns die Öl exportierenden Länder ganz einfach den Hahn abgedreht hatten. Also Energie- und Wirtschaftskrise. Heute sind wir in Deutschland auf dem besten Wege, uns den „Hahn“ durch unsere panische und wenig durchdachte saubere Energiegewinnungseuphorie selbst abzudrehen. Auch hier reagiert unser Staat auf die wenigen weltfremden und der Realität völlig entrückten Zeitgenossen.

Unvergessen und ein Teil der Weltgeschichte ist der Kniefall unseres damaligen Bundeskanzlers Willy Brandt. Der Kniefall von Warschau am 07. Dezember 1970 war eine Demutsgeste am Ehrenmal und ein Teil von seiner Regierung betriebener Ostpolitik. Er ehrte damit die Toten des Warschauer Gettos mit der Bitte um Vergebung für die deutschen Verbrechen des Zweiten Weltkrieges. Er kniete da nicht um seiner selbst willen, sondern für ganz Deutschland. Was für ein großer Staatsmann. Dieses Verhalten sollten sich die heutigen Schwachmaten, die sich Politiker und Staatmänner oder -frauen nennen, dringend zu eigen machen. Wahrscheinlich würde ein solches Verhalten eines Staatsmannes oder -frau heute rege Diskussionen auslösen.

Auch die Geiselnahme während der Olympischen Spiele 1972 in München wird unvergessen bleiben. Überschattet wurden die sonst so friedlichen und unbeschwerten Wettkämpfe durch die Geiselnahme von elf israelischen Athleten. Unter der Führung der Palästinensischen Terrororganisation „Schwarzer September" begann die Geiselnahme der israelischen Mannschaft und endete mit der Ermordung aller elf Geiseln sowie mit dem Tod von fünf Geiselnehmern und eines Polizisten. Die Spiele wurden fortgesetzt, denn niemand wollte sich dem Terror beugen.

Deutschland wird im Jahre 1974 zum zweiten Mal nach 1954 Fußball-Weltmeister und das im eigenen Land. Eine erste Form des „Wir"-Gefühls. Ein späteres Sommermärchen sollte folgen.

Im Jahr 1974 betrat ein weiterer großer Politiker die nationale und internationale Politbühne. Helmut Schmidt. Nach dem Rücktritt Willy Brandts als Regierungschef wählte der Bundestag Helmut Schmidt am 16. Mai 1974 mit großer Mehrheit zum fünften Bundeskanzler der Bundesrepublik Deutschland. Die größten Herausforderungen während seiner Amtszeit waren die weltweite Wirtschaftsrezession (Stagflation) und die Ölkrisen der 1970er Jahre, die die Bundesrepublik unter seiner Führung besser überstanden hatten als die meisten anderen Industriestaaten, sowie die Rentenfinanzierung 1976/1977 und der Terrorismus der Roten Armee Fraktion (RAF) im sogenannten „Deutschen Herbst". Nicht auszudenken, was aus dieser Republik geworden wäre, wenn die heutigen Flaschen bzw. Politiker an der Macht gewesen wären. Auch wir, die Bevölkerung, waren damals noch befreit von den ganzen Coronaidioten und Berufsdemonstranten, die mit ihrer Zeit nichts anzufangen wissen, um sich lächerlich zu machen, uns zu belästigen und den inneren Frieden zu stören.

Die nachfolgenden und in der heutigen Zeit agierenden Politkasper sind schwach unerheblich.

Die 60er und 70er Jahre waren aber eine sehr schöne Zeit. Was nun folgt, das weiß keiner und macht auch ein wenig Angst. Aber das ist die typische deutsche Mentalität. Nur nicht auffallen, Maul halten und weiter kriechen.

Art 5 GG – Auszug: Jeder hat das Recht, seine Meinung in Wort und Schrift und Bild frei zu äußern und zu verbreiten und sich aus allgemeinen zugänglichen Quellen ungehindert zu unterrichten. Die Pressefreiheit und die Freiheit der Berichterstattung durch Rundfunk und Film werden gewährleistet. Eine Zensur findet nicht statt.

Das letzte Hemd hat keine Taschen.

Diesen Satz im Hinterkopf für die nachfolgenden Seiten behalten.

Ich habe dieses Buch geschrieben, weil ich mir diese Zeilen endlich einmal von der Seele abladen möchte. Wie ich in meinem Buch, „24 Stunden, die Kunst zu überleben", bereits geschrieben habe, ist es ein großer Wunsch von mir, nur einmal im vollbesetzten Bundestag eine Rede halten zu dürfen. Natürlich mit einer Liveübertragung zur Primetime in den Öffentlichrechtlichen Fernsehsendern. Keine Zwischenrufe und Handyspielereien der Abgeordneten dürften erlaubt sein, nur zuhören. Ich werde selbstverständlich keine Parteien angreifen oder eine politische Richtung unterstützen, denn das überlasse ich den gewählten Abgeordneten. Es wird nur der Monolog eines Bürgers mit den Volksvertretern sein. Nichts weiter. Weil dieser Wunsch unerfüllt bleiben wird, so habe ich dieses Werk verfasst. Es mag sein, dass es Diskussionen auslösen wird, und das ist auch so beabsichtigt. Dieses Buch ist für Personen nicht geeignet, die realitätsfremd sind und der Wahrheit nicht ins Auge schauen können oder wollen. Jedem Bürger steht es laut Grundgesetz zu, seine Meinung frei zu äußern, und genau die habe ich hier niedergeschrieben. Wenn sich nun jemand persönlich angegriffen fühlen sollte, so muss er sich fragen lassen … warum und ist das berechtigt? Gerne lasse ich mich vom Gegenteil überzeugen.

Wir leben in der Bundesrepublik Deutschland, einem der reichsten Länder in Europa, noch. Ich glaube aber nicht, dass dies nicht von allen Bürgern geteilt wird. Viel schlimmer und sehr traurig ist, dieser Zustand wird als eine Selbstverständlichkeit von der Natur aus und vielleicht auch von Gott gegeben angesehen. Woher kommen denn dieser Wohlstand und der eigentlich bürgerliche Frieden? Dieser Zustand resultiert aus harter Arbeit mit den eigenen Händen, dem kühlen Kopf und dem Ideenreichtum der Generationen vergangenen Jahrzehnte. So hatte jedes Jahrzehnt seit dem Jahr 1900, nur um einen Anfang zu machen, die Generation hervorgebracht, von der wir heute noch sehr gut leben und aufbauen können. Abgesehen von den üblen Zeitgenossen, die sich ab 1933 bis 1945 in unserem Land breitgemacht hatten. Ja, ich habe dieses Buch, welches so verdammt und gebrandmarkt ist, gelesen. „Mein Kampf". Alle oder viele Menschen reden darüber. Ich kann mir nicht vorstellen, dass Zeitgenossen, die über dieses Buch ihr Urteil abgeben, das Buch jemals in ihren Händen gehalten, geschweige denn dieses Teufelswerk gelesen haben. Alles, was dort aufgeschrieben steht und zur damaligen Zeit herausgegeben wurde, konnte die Bevölkerung nachlesen. Alle Details und die kranken Fantasien sind niedergeschrieben und die genauen Pläne dieses „Irren" mit seinen Vasallen und sein Vorhaben mit der Bevölkerung und dem Land, steht darin geschrieben. Keiner konnte dann so einfach sagen: „WIR haben das nicht gewusst." Selbst die Menschen die dieses Buch nie in ihren Händen gehalten und gelesen hatten, sind nach all den Vorkommnissen in den Jahren ab 1933 und zeitweise davor von einer Schuld nicht freizusprechen. So dämlich kann doch niemand gewesen sein, um nicht zu wissen oder erahnen, was diese Regierung im Schilde geführt hatte. Deutschland war doch keine Bananenrepublik und hat sehr viel schlaue Köpfe hervorgebracht. Damals wie heute auch. Sicherlich ist es sehr gefährlich gewesen sich gegen die „Obrigkeit" und deren Weltanschauung aufzulehnen. Aber der Hype und der spätere Massenexodus, der in der damaligen Zeit gewesen ist, den kann man aus der heutigen Sichtweise nicht verstehen. Diese Zeit ist vorbei und wird nie wiederkommen. Und gerade wegen der Bewältigung und schonungslosen Aufarbeitung dieser Vergangenheit bin ich stolz, ein Deutscher zu sein. Jeder, der nun wieder bei diesem Satz aufschreit, kann seine Scheinheiligkeit ruhig ablegen. Muss ich mich wegen meiner Staatsangehörigkeit schämen? Nein. Genau das ist das Problem in diesem Staat, dass ein gewisser und gesunder Nationalstolz sofort in die rechte Ecke gedrängt wird. Jedes Volk auf der Welt hat einen Stolz, nur hier in Deutschland muss man sich ducken und für die Ewigkeit schämen. Das ist doch nicht normal. Jedes Land hat seine üble Vergangenheit.

Am 01. Januar 1900 trat das Bürgerliche Gesetzbuch in Kraft. Dieses Buch, das bis heute ständig aktualisiert und in geänderter Form seine Gültigkeit hat, findet seine Anwendung in unserem täglichen Leben. Was heute selbstverständlich ist, wurde im Jahre 1900 gestartet. Zwischen Deutschland und den USA wurde die Telekommunikation mittels eines Überseekabels aufgenommen. Etwas später folgte die Aufnahme des Fernsprechverkehrs mit Frankreich. Der Deutsche Fußballbund

(DFB) wurde in Leipzig gegründet. Dies sind nur wenige Beispiele, die sich in diesem Jahr ereignet hatten. So hat jedes Jahr seitdem ein einschneidendes Ereignis, von dem wir noch heute profitieren. Natürlich waren nicht alle Dinge so positiv zu bewerten, denn wie jeder weiß, die Jahre ab 1900 waren voller Unruhen und Kriege. Zwischen den Völkern in Europa herrschte großes Misstrauen und die Gier nach Land und Expansion. Nach all dem Gemetzel, der Schlachterei und der Abschaffung der Monarchie und des Nationalsozialismus folgte der Einzug der Demokratie in den europäischen Ländern.

Mit dem im Jahre 1992 abgeschlossenen Maastrichter Vertrag wurde die Europäische Union gegründet. Von den nunmehr 28 EU-Staaten bildeten 19 Staaten eine Wirtschafts- und Währungsunion. Der bisherige Höhepunkt war die Einführung einer gemeinsamen Währung für diese Länder im Jahre 2002. Obwohl es wieder Bestrebungen einzelner Länder gibt, diese Gemeinschaft zu verlassen, so wird diese Gemeinschaft bestehen und der Gegenpol zu den USA sowie der Volksrepublik China sein. Auch in der Bundesrepublik Deutschland gibt es Menschen, die diese Gemeinschaft ablehnen und lieber wieder einen souveränen Staat außerhalb dieser Staatengemeinschaft sehen würden. In der heutigen globalisierten Zeit mit den weltweiten Handelsbeziehungen und dem vernetzten Telekomminikationen sowie den Militärbündnissen kann ein Staat nicht allein auf die Dauer überleben. Es sei denn, man verzichtet auf die bisher gewonnen Annehmlichkeiten und begibt sich auf eine Reise in die Vergangenheit mit der Klein- Kleinstaaterei.

Und wie sieht es mit den ach so lieb gewordenen billigen Südfrüchten aus? Frische Erdbeeren an Weihnachten, die 500g-Schale für 1.00€, Avocados für 30 Cent und Orangen das Kilo für 1.00€. Ohne die Zollunion völlig unmöglich, um nur wenige Beispiele zu nennen. Die Liste ist lang. Auch der lästige und kostenaufwendige Geldumtausch bei jeder Reise ist weggefallen.

Leute, denkt doch mal nach.

Da möchte ein jeder Bürger ohne Zoll- und Passkontrollen ins europäische Ausland fahren oder fliegen, wenn möglich drei- oder viermal im Jahr. Der Ballermann muss für ein kurzes Saufwochenende jederzeit und ohne Kontrollen erreichbar sein. Jetzt, im Jahre 2020 ist, Corona Pandemie und das bedeutet zu Hause in unserem schönen Deutschland bleiben. Nach dem Motto: freie Fahrt für freie Bürger, aber nur in Deutschland, bis alles vorüber ist. Nur ein geeintes Europa kann diese Pandemie überstehen. Natürlich haben die einzelnen europäischen Völker und Länder ihre Eigenheiten und Kultur. Das ist auch gut so, denn das ist doch die Herausforderung und das Salz in der Europasuppe und macht die ganze Sache erst so schmackhaft. Das beste Beispiel für ein Europa mit den wie in der Vergangenheit geschlossenen Grenzen, ist die Covid-19-Pandemie. Die Ländergrenzen mussten auf Anordnung der einzelnen und souveränen Regierungen geschlossen werden, um die Bevölkerung zu schützen. Dies ist absolut verständlich, um die einzelnen Gesundheitssysteme nicht zu überlasten oder sogar dem Zusammenbruch preiszugeben. Nicht jedes europäische Land hat ein gut ausgebautes Gesundheitssystem, wie wir es in Deutschland haben. Die Bevölkerung erwartet, und das mit vollem Recht, dass der Staat die Maßnahmen unternimmt, um die Gesundheit der Gesellschaft und die Wirtschaft sowie die ganze Infrastruktur aufrechtzuerhalten. Solche Maßnahmen müssen in unserem Föderalismus, wie wir es in der Bundesrepublik haben, mit den einzelnen Ländern und deren „Länderfürsten" abgesprochen werden. Das kann dauern, aber es funktioniert. Die Grenzen wurden erstmal geschlossen und die Einreisekontrollen wieder aufgenommen.

Nun aber gingen genau diese Menschen und wie so oft zahlreiche Mitläufer auf die Straße und demonstrierten gegen die Einschränkung der Reisefreiheit und die Einschränkung der persönlichen Freiheit. Da passt doch etwas nicht zusammen. Es ist unser aller Grundrecht auf freie Meinungsfreiheit und auf das Recht zu demonstrieren. Gegen eine friedliche Demo und unter der Einhaltung des öffentlichen Friedens ist überhaupt nichts einzuwenden. Nur die Gestalten, die sich unter die friedlichen Demonstranten bei jeder kleinen Demo mischen, egal, gegen was demonstriert wird, die braucht kein Mensch. Wovon leben diese Gestalten? Von den Zuwendungen des Staates, den sie so verachten? Genau diese Leute fallen der hart arbeitenden Gesellschaft zur Last und schmarotzen sich durch ihr erbärmliches Leben. Es steht jedem frei, in das Land zu gehen, wo er oder sie meinen, besser aufgehoben zu sein.

Leute, denkt doch wieder mal nach, sofern Hirn vorhanden ist.

Dieses Buch habe ich geschrieben, weil mir die ganze Situation sehr auf die Nerven geht. Alle reden über die nachfolgenden Themen, keiner sagt etwas laut darüber. Ich bin kein Experte, ich bin ein ganz normaler mündiger Bürger dieses Staates mit allen Bürgerrechten und dem Recht, frei zu wählen. Ich habe auch nicht die Absicht, nur unzufrieden zu sein, oder nur alles negativ zu sehen und zu beschreiben, denn ich bin ein sehr positiv denkender Mensch. Für mich ist ein Glas immer halb voll, nicht halb leer. Sollte sich nun der „eine oder andere“ persönlich angegriffen fühlen, so bin ich sehr gerne bereit, alles zu diskutieren und mich eines anderen belehren zu lassen. Wir haben in diesem Staat eine Meinungsfreiheit und die Gedanken sind frei. Auch meine. Wer dieses Buch nicht lesen möchte, der soll es weglegen. Nur Personen, die frei in ihren Gedanken und offen für die Meinung anderer sind, die dürfen weiterlesen. Ich schreibe und sage immer, was ich denke, und das ist oft nicht im Sinne anderer. Kommt damit zurecht. Ich weiß, dass dies sehr schwer für einige Leute und Leser zu ertragen ist, aber wir haben eine Demokratie und das bürgerliche Recht auf eine freie Meinungsäußerung. Dies steht in unserer Verfassung. Beleidigungen oder rassistische oder diskriminierende Äußerungen sind aber ausgeschlossen und unerwünscht. Eine scharfe Wortwahl ist bei einigen Themen durchaus angebracht, denn wir sind nicht im Kloster und haben das Schweigegelübde abgelegt.

Kapitel 1
Katholische Kirche in der BRD, tiefer Sumpf der *Schein*-Heiligkeit

Die katholische Kirche. Wo soll man da anfangen? Über diese „Organisation“ unter dem Deckmantel des Heiligen Kreuzes und des Staates im Staat kann und darf ich als Katholik meine freie Meinung äußern. Wenn ich diese Bigotischen Vertreter der Kirche bei ihrer Mission miterleben muss, dann überkommt mich ernsthafter Zweifel an der Redlichkeit und Aufrichtigkeit dieser Menschen. Ja, es sind auch nur Menschen wie du und ich. Es sind keine himmlischen Abgesandten oder besonders auserwählte Menschen. Leider vergessen diese Herren diese Tatsache. Eine maßlose Selbstüberschätzung und die Selbstherrlichkeit dieser Kirche und ihrer Vertreter grenzt schon an einer Art „Versündigung.“ Die Pfaffen predigen „Wasser trinken“ und selbst saufen sie Wein. Gott verlangt Demut. Er ist nicht erfreut über unsere selbst erfundenen Arten, ihn anzubeten. All unsere egoistischen Gedanken, Handlungen und religiösen Aktivitäten sind nutzlos, wenn es darum geht, ihm zu gefallen und ihm zu huldigen. All das hat die Kirche vergessen. Die Pfaffen und besonders der Papst in Rom verlangen eben diese Huldigung gegenüber den Vertretern Gottes auf Erden. Ich lach mich weg. Was zum Teufel bilden sich diese in ihren schmucken und pompösen Gewändern herumstolzierenden Gestalten ein, wenn sie bei den ärmsten der Armen in verschiedenen Ländern den Glauben predigen? Man muss sich nur einmal ihre Paläste und den Reichtum der Kirche betrachten. Prunk und Protz, soweit das Auge reicht. Aber dann haben diese Gestalten noch die Dreistigkeit, um Almosen und Geld zu betteln. Natürlich gibt es Pfarreien, die am Hungertuch nagen und um ihre Existenz kämpfen müssen. Unterstützung der zuständigen, vollgefressenen Bischöfe und der Kardinäle und des Papstes in Rom gibt es nicht. Die Urkirche und ihre Jünger sind in Lumpen und Sandalen umhergezogen und haben Almosen verteilt, obwohl sie selbst nichts hatten. Jetzt? Dicke Protzkarossen und edle Gewänder.

Wie sieht es mit der unrühmlichen Vergangenheit der Kirche aus? Der Inquisition und dem Völkermord unter dem Banner des Kreuzes? Wo bleibt denn die Wiedergutmachung? Man kann noch weiter zurückgehen, denn zahlreiche Verbrechen sind dokumentiert. Das will die Kirche nicht mehr wissen. Aber alles, was in der Neuzeit vorkommt, das wird scharf verurteilt und „warme Worte“ werden ausgesprochen. Besser Maul halten und vor der eigenen Türe den meterhohen Dreck wegkehren. Stichwort: Pädophilie und Kindesmissbrauch. Die verantwortlichen Schweine und Unmenschen werden noch von der scheinheiligen Kirche gedeckt und beschützt. Sobald dieses Dreckspack entlarvt worden ist, dann werden sie versetzt und dem Zugriff der normalen Gesetzgebung entzogen. Keiner weiß genau, wie viele arme und hilflose Kinder Opfer dieser Tiere geworden sind und es noch werden. Und die verantwortlichen „Herren“ in der Kirche wissen sehr genau, was in „ihrer“ Herde abgeht. Aber solange alle wie die fetten Maden im Speck sitzen, warum sollte das geändert werden?

Es ist auch gegen jedes Naturgesetz, dass Menschen, besonders die Herren der Schöpfung, in Askese und in einem Zölibat, wie von der katholischen Kirche gefordert wird, leben zu müssen. Wer hat denn dieses Kirchengesetz gemacht? Es waren und sind nur die Greise, bei denen die Natur schon gegen eine natürliche „Lust“ gesorgt hat. Aber es gibt noch junge „Berufene“ in der Katholischen Kirche. Genau diese Herdenführer folgen ihren unnatürlichen Trieben und vergehen sich in regelmäßigen Abständen an Schutzbefohlenen und den Schwächsten in der Gesellschaft. Es sind komischerweise meistens Jungs, die für die pädophilen Gelüste der Kirchenherren zu Diensten sein müssen. Seine „Heiligkeit“ und die fetten Maden, die sich um diesen Pontifex Maximus oder noch besser dem Heiligen Vater tummeln, verschließen ihre Augen vor dieser Schweinerei. Schon der Name, seine „Heiligkeit“ oder „Heiliger Vater“, ist die reinste Blasphemie also Gotteslästerung. Wenn an den hohen kirchlichen Feiertagen eben diese Gesellschaft mit dem Oberhirten auf den Balkon ihres Palastes treten, um der jubelnden Menge den Segen für den ganzen Erdkreis „Urbi et orbi“ aussprechen, den kann er sich ersparen. Vielen Menschen gehen diese Worte am berühmten A… vorbei. Ich lasse mich von der pädophilen Gesellschaft und diesen Heuchlern nicht segnen.

Nur die Kirchenmitglieder können etwas ändern. Die Ansprechpartner sind nicht die kleinen Pfaffen der Gemeinden, sondern die fetten Bischöfe und Kardinäle samt ihres bodenküssenden Papstes. Jedes Mal könnte ich mich übergeben, wenn ich diesen Heuchler sehe. Wieso kann dieser Mann mit seinen Vasallen nicht seine Schatztruhe öffnen und reichlich essen und trinken mitbringen? Ein Bau von Schulen, Krankenhäusern und andere Einrichtungen, die den Menschen helfen würden, ist hilfreicher als die sinnlose Segnung und das Bekreuzigen sowie die Bettelei nach eben diesen Geldern. Was bildet sich dieser Mensch ein, andere Menschen zu segnen und im Namen Gottes zu sprechen? Blasphemie. Und wer nicht weiß, was dieses Wort genau zu bedeuten hat, dem empfehle ich, es genau nachzulesen. Es ist unglaublich, wie viele Spinner dieser maroden und durchseuchten Kirche hinterherlaufen und ihr huldigen.

Aber die Zeiten ändern sich und auch dieser Verein wird sich verändern müssen. Das große Glück der Kirche ist, dass die Kirchensteuer noch vom Staat eingetrieben wird. In der Regel 8% vom Bruttolohn und davon behält der Vater Staat 3%. Es sei denn, der Arbeitnehmer tritt aus der Kirche aus. Vor rund 200 Jahren machten die Fürsten der kirchlichen Herrschaft in Deutschland ein Ende. Die wirtschaftliche Macht konnten sie jedoch nicht ganz brechen. Adolf Hitler sorgte auch für den Reichtum der Kirche. Und genau auf diesem Geld und die Reichtümer sitzen diese „Scheinheilgen" Gottesmänner. Wenn diese Kirche nur einen Funken des Anstandes hätte, der von den eigenen Kanzeln gepredigt wird, dann müsste jeder Cent dieses Blutgeldes an die Bedürftigen zurückgezahlt werden. Nichts passiert. Muss man dazu noch etwas sagen? Im Jahre 1803 wurden den Fürstbischöfen eine Entschädigung zwischen 20.000 bis zu 60.000 Gulden Jahresgehalt für den Einnahmeausfall zugestanden. Der Einnahmeausfall war begründet durch geistliche Dienstleistungen (also Geschwätz) und den Besitz der Ländereien, woher diese auch immer kamen. Ein Erzbischof-Kurfürst erhielt sogar 100.000 Gulden. Ein Professor verdiente damals ca. 1.000 Gulden. Noch Fragen? Die heutigen Geistlichen, wie die Bischöfe verdienen im Schnitt ca. 9.000 bis 12.000 Euro. Bezahlt werden diese Herren nicht von der Kirche, sondern vom Staat, also vom Steuerzahler. Zusätzlich ein Dienstfahrzeug mit Chauffeur und eine angemessene mietfreie Dienstwohnung. Der muss sich keine kleine Bude mit seiner Familie teilen, denn er hat keine. Offiziell. Viele werden sich noch an den umstrittenen Bischof erinnern können, der in Prunk und Protz gelebt hat. Eine protzige Bischofsresidenz im zweistelligen Millionenbereich wurde erstellt. Natürlich nach den Extrawünschen dieses Gottesmannes. Genaueres über das ausschweifende Leben ist im Internet nachzulesen. Fitnessraum, Saunabereich, riesiges Ankleidezimmer und ein Zierfischwasserbecken für über 210.000 Euro. Was kostet die Welt, ganz im Sinne der Kirche. Nun verweilt dieser doch so ehrfürchtige Mann auf Anraten des Papstes in einem Kloster, bis sich die Wogen geglättet haben. Sein üppiges Monatsgehalt bezieht er weiter. Der Mensch und besonders der gläubige Mensch vergisst und vergibt sehr schnell. Wie heute auch, der Hals war und ist mehr als voll, aber gebettelt wird immer noch.

Selbst die Hand, um Almosen zu erhalten, wird ausgestreckt. Was steht oben im Vorwort? Das letzte Hemd … Meine Hoffnung ist, dass dieses scheinheilige Pack die gerechte Strafe bekommen wird. Nicht die weltliche Strafe und Gerechtigkeit, aber es gibt noch eine andere ... Und wenn das alles so ist, wie diese „Seelenfänger" es predigen, na dann werden viele dort schmoren, wo kein Tageslicht mehr hinkommt. Viel Spaß. Und es gibt eine Gerechtigkeit, keine weltliche, aber es gibt sie, davon bin ich fest überzeugt. Und all das scheinheilige Getue und die Gier nach Reichtum und Macht während des Amtes auf Erden wird diesen Kuttenträgern auch nicht helfen. Abgerechnet wird zum Schluss.

Aber: Die Kirchen sind und bleiben ein Hort der Besinnung und der inneren Einkehr. Von sehr vielen, bzw. allen Menschen können die Kirchen, egal, welcher Konfession sie angehören, frei genutzt werden. Es ist schon eine besondere Atmosphäre und die überkommt einen jeden, wenn dieser Ort betreten wird. So soll es auch sein. Jeder, der ein Haus Gottes schändet, anzündet oder in einer anderen verwerflichen Art und Weise missbraucht, der soll in der Hölle schmoren.

Warum wird eigentlich auch eine Frau angebetet und verehrt? Maria Magdalena. Über diese Frau wird im Neuen Testament berichtet. In der evangelischen Kirche wird sie als Begleiterin Jesu und als Zeugin der Auferstehung beschrieben. Warum bleibt dann den Frauen in der katholischen Kirche ein Priesteramt verwehrt? In der katholischen Kirche können Frauen nur in caritativen Einrichtungen für die Kirche tätig sein, nicht eine Messe abhalten. Warum dürfen katholische Geistliche nicht heiraten? Das widerspricht sich doch mit der heiligen Schrift. Und woher kommen noch die Menschen? Eine unbefleckte Befruchtung? Also bitte. Wie engstirnig ist die katholische Kirche, denn wie heißt es im 1. Buch Mose. Die Schöpfung? Kapitel 28: Seid fruchtbar und mehret euch und füllet die Erde … und so weiter. Das alles zeigt und belegt doch die Scheinheiligkeit dieser absurden Kirche und deren Führer.

Kapitel 2
Im Namen des Volkes? Und die Polizei.

Was sagt dieser Satz aus? Nichts. Es ist nur eine Floskel und eine Einleitung zu einem Gerichtsurteil. Über diesen Satz lässt es sich streiten, denn wie viel Urteile, die gesprochen wurden, waren ganz bestimmt nicht im Sinne des Volkes. Man sollte diesen Satz überarbeiten, überdenken oder ganz streichen. Der Satz wird von einem ordentlichen Gericht gesprochen, also muss er heißen: Im Namen des Gerichtes XY ..., ergeht folgendes Urteil. Ich bin ein Teil dieses Volkes in dessen Namen jedes Urteil verkündet wird. Warum kann ICH, als Einzelperson, ein viel zu mildes Urteil nicht anfechten und in Revision gehen? Wenn dieses Urteil schon in meinem Namen, als Teil des Volkes gesprochen wurde, dann muss ich auch das Recht haben, mich gegen ein Urteil, das meiner persönlichen Meinung nach, mit der ich oft nicht allein stehe, zur Wehr setzen zu können. Das gilt für zu milde und zu harte Urteile, die in meinem, also dem Urteil im Namen des Volkes, verkündet werden. Und ganz sicher bin ich und wie so viele Bürger nicht einverstanden, dass in MEINEM Namen ein manchmal unverschämtes und schlappes Urteil gesprochen wird. Also empfehle ich dringend, bevor die ausgebildeten Juristen auf die Menschheit losgelassen werden, eine Gewissensprüfung zusätzlich abzulegen und zu prüfen, ob diese Personen außer ihren Paragraphen noch ein bisschen gesunden Menschenverstand haben. Den Beruf eines Richters könnte ich niemals ausführen. Die Richter und die Staatsanwälte sind auch nur Menschen mit Gefühlen und einer eigenen Meinung zum jeweiligen Sachverhalt. Und ich bin mir sehr sicher, dass die Urteile, die gesprochen werden müssen, nicht immer mit dem menschlichen Rechtsempfinden der beteiligten Personen übereinstimmen. Das Gesetz schreibt es vor. Ich kann das sehr nachvollziehen, denn mein Vater war einer dieser Staatsanwälte. Was zu Hause hinter vorgehaltener Hand und verschlossener Tür gesprochen wurde, das lässt mich diese Aussage treffen.

Zurück zu diesem unsäglichen Satz: „Im Namen des Volkes ergeht folgendes Urteil." Ist dies immer im Namen des Volkes und auch so vom Volk gewollt? Sehr viele Urteile sind für einen normalen Bürger dieses Landes nicht nachzuvollziehen. Wie kann es angehen, dass nachweislich mehrfach vorbestrafte Schwerverbrecher nur mit einer sehr milden und womöglich einer Bewährungsstrafe mit ihren Vergehen davonkommen? Lebenslang bedeutet doch in Deutschland einen Freiheitsentzug auf unbestimmte Zeit. Wieso denn unbestimmte Zeit? Natürlich wenn die Lebenszeit abgelaufen ist, dann ist der Straftäter frei. Nun kommt aber unser lasches Strafgesetz ins Spiel! Es besteht die Möglichkeit nach mindestens 15 Jahren im Knast die Möglichkeit der Freilassung unter der Auflage einer 5-jährigen Bewährung und der Resozialisation in die Gesellschaft. Warum? Hat ein Mörder, der einem anderen Menschen das Leben genommen hat, noch das Recht wieder an einem normalen Leben unter Menschen teilzunehmen? Ich denke, nicht. Das Opfer kann das nicht mehr. Und wer denkt an die Angehörigen, die für den Rest ihres Lebens mit dem Schmerz leben müssen. Es gibt keine Rechtfertigung für solch ein Urteil. Lebenslange Haftstrafe heißt lebenslang in den Knast. Und was ist eine anschließende Sicherheitsverwahrung? Eine Sicherheitsverwahrung ist für besonders gefährliche Straftäter vorgesehen. Sie landen meist in einer psychiatrischen Klinik Wieso denn Klinik? Es mag sein, dass so einige Straftäter krank sind, aber heilen und wieder in die Gesellschaft lassen? Wie oft ging das auf Kosten weiterer Opfer schon schief. Dann wurde nur ein großes Mitleid der Verantwortlichen ausgesprochen und das wars! Alles ging von vorne los! Oder nur eine andere Art von freier Kost und Logis auf Staatskosten bei freier Tagesgestaltung und der Möglichkeit sich etwas

Geld für die Zeit nach der Haftstrafe zu verdienen? Menschen, die unverschuldet auf der Straße leben müssen, die haben es nicht so gut wie die Strafgefangenen. Kein warmes Essen, keine Heilfürsorge und kein Zimmer mit eigenem Bett. Natürlich sind wir alle froh, in einem Rechtstaat leben zu dürfen, denn es gibt sehr viele Länder auf der Welt, in denen das Recht mit Füßen getreten wird. Aber so manche Rechtsprechung hier zu Lande ist für einen normal denkenden Menschen sehr schwer nachzuvollziehen. Beispiel des Kindesmissbrauchs. Da wird nach erwiesener Schuld eines oder mehrerer Straftäter gleich eine Schuldunfähigkeit in den Raum gestellt. Warum? Natürlich sind diese Gestalten nicht normal und klar in ihrer kranken Birne. Das mindert aber nicht ihre Schuld. Jeder, der sich an Kindern oder Frauen vergeht, der hat seine bürgerlichen Rechte für alle Zeiten verwirkt. Es gibt keine verminderte Schuldfähigkeit. Immer die armen Täter und dort muss immer nach einer Minderung für die Strafe gesucht werden. Warum? Wer schützt die Opfer? Wer kann das Geschehene ungeschehen machen? Niemand. Nur die Genugtuung für die Opfer und deren Angehörigen, dass diese Verbrecher niemals wieder auf freien Fuß kommen und neue Taten verüben können. Sehr oft hat ein bereits verurteilter Straftäter die Opfer noch im Gerichtssaal verhöhnt, denn nach Verbüßung der Haftstrafe ist er wieder frei. Dann auf zu neuen Taten. Das Spiel beginnt von vorne. Oder die allseits beliebte Bewährungsstrafe. Bei erstmaligem und einem sehr geringen Vergehen kann nach ausgiebiger Untersuchung des Geisteszustandes und des Verhaltens diese Strafe zur Bewährung ausgesprochen werden. Von ausgebildeten Ärzten und Fachpersonal, nicht von Sozialarbeitern aus der Abendschule. Der Verurteilte Täter muss sich bewähren. Nicht dem Staat gegenüber, der Gemeinschaft muss gezeigt werden, dass ein Leben mit ihm ohne Gefahr ausgeht. Fehler macht ein jeder. Aber sobald die Bewährung fehlgeschlagen ist, dann ab in den Knast. Eine zweite Chance darf es nicht geben. Es schreckt doch niemand mehr ab, wenn die Straftäter vorab wissen, dass für eine Straftat eine Bewährung möglich ist. Diese Typen kennen das Gesetz und haben immer einen sehr guten Rechtsanwalt. Dazu kommen noch die endlosen Einspruchsmöglichkeiten und die Verfahrensfehler, die immer wieder auftauchen. Was sind denn Verfahrensfehler? Wortklauberei? Das ändert doch nichts an der Tatsache, dass eine Straftat begangen wurde, z.B Mord. Was muss da noch diskutiert werden, ob es vorsätzlich, grob vorsätzlich, heimtückisch usw. war? Es ist doch nur dazu da, um die Schuld des Mörders zu lindern und die

Haftstrafe kleiner zu halten. Tot ist tot. Da gibt es auch kein … ein bisschen, weniger, vielleicht.

Ein absoluter Witz ist die Möglichkeit, des Hafturlaubes. Wieso denn ein „Urlaub“ aus der Haft? Ein Urlaub ist zur Erholung aller arbeitenden Menschen gedacht, die zur Erhaltung der Arbeitskraft neue Kraft tanken sollen. Um dem Wohle der Gesellschaft dienen zu können. Wem und wozu dient denn ein „Hafturlaub“?

Manchmal muss man sich fragen, ob die Verhältnismäßigkeit einer Haftstrafe gegeben ist. Beispiel: Wenn ein Verkehrsteilnehmer seinen Bußgeldbescheid nicht pünktlich begleichen kann oder will, dann muss er „einrücken“. Eine gute Alternative wäre doch, wenn ein „Täter“ bei einer geringen Bußgeldstrafe diese bei einer gemeinnützigen Einrichtung wie zum Beispiel der „Tafel“ oder einer Pflegeeinrichtung ableisten kann. Dies ist für Mitbürger geeignet, die nicht in der Lage sind, ein Bußgeld zu bezahlen. So ist allen Beteiligten geholfen, ohne zusätzliche Kosten. Für Verweigerer er gilt das ebenso! Ist die Verhältnismäßigkeit bei einer Strafe von 100 Euro oder weniger gegeben, wenn ein Tag in der Inhaftierung ca. 130 Euro für den Steuerzahler kostet? Ich wurde schon bei einem Verkehrsvergehen von 25 Euro in eine Strafvollzugsanstalt „eingeladen“. Sicher muss eine von den Behörden ausgesprochene Strafe beglichen werden, wenn es möglich ist.

Unsere Polizei. Die Staatsbürger die sich für den harten und undankbaren Beruf bei der Polizei ausbilden lassen, werden in unserem Staat und von einigen vom Volk gewählten Vertretern, auch Politiker genannt, nur in ihrer Arbeit kritisiert und sind in der Regel an allem schuld. Was ist denn ein Politiker? Es sollte ein Staatslenker sein. Auch die Polizei ist ein Teil dieses Staates. Wenn ich mir aber einige dieser „Staatslenker“ so betrachte, da wird mir übel und ich habe bei vielen dieser „Lenker“ und Entscheidungsträger starke Zweifel, ob sie überhaupt in der Lage dazu sind. In der freien Wirtschaft und als verantwortlicher Lenker einer Firma, egal, welcher Größe, na dann wäre unser Land niemals aus dem Status einer kleinen Bananenrepublik gekommen. Wie oft hat man gesehen, dass sich Menschen einer bestimmten Gattung, „Gangsta Rapper“, genannt, vor Gericht völlig danebenbenehmen. Es muss nur „cool“ rüberkommen und das ist dann die nötige Werbung für ihren Schwachsinn, den diese „Musiker“ Kunst und Musik nennen. Die Medien springen darauf an. Eine bessere Werbung für diese „Künstler“ mit ihren „hochintelligenten“ Anhängern gibt es nicht. Und wichtig, es ist kostenfrei.

Nach einer Verurteilung, wenn überhaupt, dann spazieren diese Herren mit dem Victoryzeichen und einem Grinsen, umringt von der fotografierenden Zunft, aus dem Gerichtssaal, steigen in ihre Protzkarren und weg zum nächsten Auftritt. Die Gerichte schauen nur blöd hinterher. Große Klappe, Prunk und Protz, mehr ist nicht drin, und das gehört zum Geschäft. Leichter kann man sein Geld nicht verdienen. Und die harmlose und schwache Justiz lässt sich alles so gefallen. Aber wenn ein kleiner Bürger seine Strafzettel nicht pünktlich bezahlt oder kann, denn trifft diesen Bürger die ganze Härte des Gesetzes, bis in den Knast. Es ist auch in diesem Staat so, mit Geld und der nötigen Presse ist alles möglich. Mit einem guten und gewissenlosen Rechtsanwalt und davon gibt es zu viele in unserem Land, kann man sich fast alles erlauben. Wie wäre es denn, wenn, bevor diese angehenden Rechtsanwälte, bevor sie eine Zulassung erhalten, einer ausgiebigen Eignungs- und Gewissensprüfung unterzogen werden. Von Opferverbänden, Kirchen und Psychologen. Nicht nur von Rechtswissenschaftlern. Die Frage muss auch erlaubt sein, welcher menschlich normal denkende Rechtsanwalt verteidigt einen schwerkriminellen Straftäter, dessen abscheulichste Tat und die Schuld erwiesen ist. Können diese Menschen am Morgen noch in den Spiegel schauen? Ja, sie können, leider. Der blanke Hohn an die Gesellschaft und an die Opfer sind die Forderung für eine mögliche Strafe, natürlich mild und sanft, und das darauffolgende Strafmaß. Sofort wird dann Revision beantragt, denn die Gerichte müssen doch beschäftigt sein. Und wer muss alles bezahlen, wenn der Schuldige kein Geld hat? Der Staat und die Gesellschaft und somit auch die Opfer. Aber wir leben in einem Rechtsstaat. Gott sei Dank, aber ein bisschen mehr Gewissen, Menschenverstand und wirkliche Gerechtigkeit wäre angebracht. Im Namen des Volkes.

Unsere Polizei muss für alles und jeden den Kopf hinhalten und sobald es etwas rauer wird, dann kommt aus irgendeinem Loch ein noch so unbedeutender „Hinterbänkler-Politiker“ oder die Chaoten, die wie die Maden im Speck von den Zuwendungen der Gesellschaft jeden Monat leben, herausgekrochen und schreien „Polizeigewalt“. Alles muss erst einmal von einem Untersuchungsausschuss untersucht werden, ob alles rechtmäßig war. Geht‘s noch? Besonders wenn die Dienstwaffe eingesetzt werden muss. Anstatt sich vor unsere Polizei zu stellen und diese Menschen zu schützen, wird alles kritisiert und bis auf das Kleinste zerredet und kritisiert. Gerade diese Wichtigtuer schreien zuerst, wenn eben diese Polizei für die eigene Sicherheit gebraucht wird, und da ist jedes Mittel recht. Lasst endlich unsere Polizei ihre gute Arbeit machen. Ich und sehr viele unserer Mitbürger vertrauen unserer Polizei. Alle, die meinen, es geht ihnen an einem anderen Ort oder Staat besser, die sollten auswandern. Dann sind wir diese Leute endlich los und erst dann können wir in Frieden leben. Niemand wird aufgehalten und die überwiegende Masse der Bevölkerung weint diesen Damen und Herren keine Träne nach. Mein Vorschlag wäre, die Volksrepublik China, Russland oder nach Afrika. Dort gibt es sehr viel Platz. Und die Gummiknüppel sitzen lose. Natürlich müssen sich die Gesetzeshüter an die Regeln und das Gesetz halten. Meiner Einschätzung nach wird das vom Großteil auch konsequent eingehalten. Ausnahmen gibt es immer, denn es sind auch nur Menschen, das wird sehr oft vergessen. Menschen, die ein Verbrechen begehen, egal welches, müssen von den Ordnungshütern zur Verantwortung gezogen werden und wenn nicht anders möglich, auch mit der angemessenen Gewalt. Sie haben die vom Staat und unserer Verfassung gewährten Rechtmäßigkeit dazu, die Straftäter nicht. Die Kritiker, die auf ihrer Wolke 7 sitzen und absolut weltfremd leben, deren Ansicht und Weltanschauung sind in der heutigen modernen Zeit absolut fehl am Platz. Ein Kloster weit ab der Zivilisation in den Bergen, das ist der richtige Platz für diese Träumer. Dort ist die Welt noch in Ordnung, also weg mit euch. Wie oft muss man in diversen Medien lesen, dass Vergewaltiger oder andere Schwerverbrecher nach ein paar Tagen in der Untersuchungshaft wieder auf freien Fuß gesetzt werden, weil keine Fluchtgefahr besteht und ein fester Wohnsitz vorhanden ist. Kaum aus der Haft entlassen, verüben diese Verbrecher wieder eine Straftat und sehr oft dieselbe Tat. Was geht nur in den Köpfen der Richter vor, um diese Verbrecher immer wieder auf freien Fuß bis zur Hauptverhandlung zu setzen? Wir brauchen keine neuen Gesetze. Was wir in Deutschland dringend brauchen, sind gute und konsequente Richter, die diese bestehenden Gesetze richtig anwenden. Wir brauchen keine Weicheier. Die Richter sind dazu da, dass sie die Gesellschaft vor Schwerverbrechern schützen und den Gesetzen entsprechend bestrafen. Die Bevölkerung und die Opfer müssen auch endlich die Möglichkeit bekommen, solche sanften Richter, die immer diese Straftäter laufen lassen, zu belangen. Dann steht eben ein Richter vor seinem Berufskollegen, wenn er seinen Job fahrlässig macht. Dann hören diese „Softurteile“ endlich auf. Ein Urteil gegen einen Richter, der immer Straftäter laufen lässt und dann selbst dafür bestraft wird, dieses Urteil wäre „im Namen des Volkes“. Warum müssen immer noch die Kinderschänder, Mörder und sonstige Straftäter „aufgeklärt" werden und endlos darüber diskutiert werden, über Strafmaßnahmen oder Ähnliches? Wenn ich das schon höre: „mehr Aufklärungsarbeit leisten". Bei was denn? Muss nun diesen Tätern noch erklärt werden, dass sie diese Taten nicht begehen durften? Kleinkinder, die müssen durch die Eltern aufgeklärt und erzogen werden, aber erwachsene Menschen? Ich lach mich weg. Typisch Politiker, dumm daherreden, sonst nichts. Ist einfacher und macht weniger Arbeit.

Kapitel 3
Der hilflose Staat

Wie hilflos sich der deutsche Staat bei einigen Entscheidungen und in Situationen zeigt, das ist schon erschreckend. Endlose Diskussionen, über die nicht Monate und Jahre diskutiert werden müssten, hemmen dieses Land in der Entwicklung und legen es zeitweise lahm. Wie lange schon wird über eine Reform der Sitze im Deutschen Bundestag diskutiert und gestritten? Muss das sein, dass in diesem Hause bald mehr Abgeordnete sitzen als in jedem größeren Land in Europa? Wenn man die Debatten im Bundestag mitverfolgt, dann wird zu sehen sein, dass mindestens die Hälfte der Abgeordnetensitze ausgebaut werden können. Es ist nur eine Abkassiererei der üppigen Diäten und sich den Hintern auf Kosten der Allgemeinheit vergolden lassen. Einige vom Volk gewählte Vertreter sind die gleichen Schmarotzer wie die Vertreter der Kirche. Nur wenige Politiker haben Verantwortung für unser aller Wohl und haben die nötige Klasse. Der Rest ist nur Beiwerk und hochbezahlte Mitläufer, die nichts erreicht haben und die nirgends gebraucht werden können. Vielleicht auf irgendeinem Amt hinter dem Schreibtisch.

Gerade diese nutzlosen Politiker in diesem Staat zeigen uns sehr oft, wie hilflos unser Staat ist. Ein aufgeblähter Politapparat und zu viele Köche, die den ganzen Brei verderben. Man nehme nur die glorreiche und peinliche Mautdiskussion. Da haben es doch einzelne hochrangige Volksvertreter fertiggebracht, durch stümperhaftes Verhalten und Selbstüberschätzung zig Millionen, man spricht von bis zu einer halben Milliarde, zu Lasten des deutschen Steuerzahlers in den berühmten Sand zu setzen. Nur durch eine einzige voreilige Unterschrift und die Erteilung zur Organisation der Maut in der Bundesrepublik Deutschland. Der EuGH urteilte im August 2019 unter dem Az. C-591/17, dass diese Maut in der geplanten Form rechtswidrig ist. Die Maut sei eine Diskriminierung gegenüber den ausländischen Kraftfahrern und in dieser Form unzulässig. Europa lässt grüßen. Natürlich ist das ein gefundenes Fressen aller Oppositionsparteien gewesen und der Schrei nach einem Untersuchungsausschuss wurde wie so oft laut. Dann hätten so manche Politiker, die sonst nie zum Zuge kommen endlich einmal ihre Daseinsberechtigung. Genaueres hat die Bevölkerung nicht erfahren, z.B. was das Ergebnis dieses Untersuchungsausschusses war. Kann sein, dass ich etwas verpasst habe, denn es wird so oft und lange nach einem Untersuchungsausschuss geschrien, bis es keinen mehr interessiert. Und der Schadensersatz, der gegenüber den Unternehmen gezahlt werden muss? Wer haftet eigentlich dafür? Wer als Privatperson einen verbindlichen Vertrag unterzeichnet und diesen nicht einhält oder einhalten kann, der haftet mit seinem Privatvermögen. Gleiches gilt für Unternehmen, entsprechend der Rechtsform. Wieso nicht unsere „Volksvertreter"? Hatten diese nicht einen Eid bei der Amtseinführung geleistet? Auszug: „Ich schwöre, dass ich meine Kraft dem Wohle des deutschen Volkes widmen, seinen Nutzen mehren, Schaden von ihm wenden, das Grundgesetz und die Gesetze das Bundes wahren und verteidigen, meine Pflichten gewissenhaft erfüllen und Gerechtigkeit gegen jedermann üben werde."

So, nun muss man sich diesen Eid einmal in Ruhe oftmals durchlesen und nachdenken. Sofort werden sehr viele Beispiele eines Bruches dieses Eides in den Sinn kommen. Nur die notwendigen Konsequenzen für den Bruch dieses Eides wird man nicht finden. Jeder kleine Bürger wird beim Bruch eines Eides vor Gericht sofort und unnachgiebig die Konsequenzen tragen müssen. Sind unsere Politiker bessergestellt und stehen über allen Dingen? Man hat den Eindruck, dass dem so ist. Unser Staat ist in dieser Situation macht- und hilflos. Aber wie heißt es so treffend: Eine Krähe hackt der anderen kein Auge aus.

Thema, unsere Streitkräfte. Die Bundeswehr. Ein hilfloseres und armseligeres Bild dieses Staates im Ausland und in der Nato kann man nicht abgeben. Ich selbst war vor fast 40 Jahren ein Teil dieses „Clubs“ und ich war stolz darauf. Wenn ich heute so mitbekomme, wie unsere Politik mit der Bundeswehr umgeht, dann könnte ich mich übergeben. Kein Stolz, kein Ehrgefühl und keine Unterstützung für die Truppe. Was ist aus Deutschland geworden? Politiker und Beamte und sehr viele Bürger haben jeden Sinn für die Realität verloren. Hey Leute. Wir leben im 21. Jahrhundert und die Welt ist im Wandel und von Grund auf schlecht. Zahlreiche Bedrohungen von innen und außen versuchen unsere Gesellschaft zu zerstören. Die Kriege wie in der Vergangenheit wird es nicht mehr geben. Und das ist gut so. Die Bundeswehr braucht viele externe Beraterfirmen. Ich lach mich weg. Was sind das denn für Firmen? Wo kommen die denn her? Unter unserer letzten Verteidigungsministerin, einer guten Freundin und der Zögling unserer Kanzlerin, hat ihr engster Familienkreis viele Millionenaufträge erhalten … natürlich wichtige Beraterauftäge. Für was? Und wieder wurde ein Untersuchungsausschuss gegründet. Bevor alle Beteiligten befragt werden konnten, war, schwupps, die verantwortliche Ministerin nach Brüssel hochbefördert worden. Natürlich auf Vorschlag unserer Kanzlerin. Jaja, mit dem Geld anderer Leute lässt es sich gut bereichern … sorry, Gutes tun. Wie wäre es, wenn der Staat MIR ein paar Milliönchen zukommen lassen würde und ich meine Klappe halte und dafür einige Volksvertreter gut und seriös berate. Die Ausstattung, die Truppenstärke, Ausbildung und die Bewaffnung unserer Streitkräfte zeigt eindeutig die Hilflosigkeit und die Schwäche dieses Staates in der Mitte der EU und der NATO. Unsere Truppe muss sich in gefährlichen Auslandseinsätzen beweisen und ihren Kopf und Arsch hinhalten, mit defektem Gerät und totgespartem Materialbestand. Sobald etwas Schlimmes, wie Opfer unter den Soldaten und Soldatinnen, zu beklagen sind, jaaa, dann kommen wieder die vollgefressenen und satten Politiker aus den warmen Löchern hervorgekrochen, machen leere Versprechungen und teilen ihr heuchlerisches Mitgefühl den Angehörigen mit. Was soll man auch von Verteidigungsministern oder -ministerinnen erwarten, die nie gedient hatten und auch keine Erfahrung mit und in der Truppe haben?

Ich frage mich nur, was die weltfremden Spinner im Jahre 2011 geritten hat, die allgemeine Wehrpflicht und den zivilen Ersatzdienst nach 55 Jahren der Einführung abzuschaffen? Die Einberufung zum Grundwehrdienst wurde in diesem Jahr durch den Bundestag und das Wehrpflichtgesetz abgeändert. Seither besteht eine Pflicht zum Wehrdienst nur noch im Spannungs- oder Verteidigungsfall. Wenn die dafür vorgesehen Damen und Herren nicht im Urlaub sind oder etwas Zeit haben. Ich gehe davon aus, dass bei einem solchen Fall einer Einberufung zuerst demonstriert und dann geklagt wird. Und das kann dauern, da muss der herannahende Feind eben warten, bis alles ausdiskutiert ist und alle Klagen verhandelt wurden. Wie so oft in dieser Republik ist jeder Nationalstolz verloren oder wird gleich in den braunen Topf geworfen. Erhebliche Schuld daran tragen die Parteien und die Medien, die alles zensieren und die Meinungsfreiheit beeinflussen. Wenn die naiven Mitbürger jeden Tag „geimpft" werden, sich ihrem Meinungsbild anzupassen, dann muss man sich nicht wundern, dass wir in Deutschland mittlerweile vom Ausland mitleidig belächelt werden! Diese Zeit der Zensur hatten wir schon einmal.

Was wäre denn, wenn sich keiner mehr bei der Bundeswehr freiwillig verpflichten würde? Wer macht denn in Friedenszeiten die ganze Drecksarbeit, bei Katastrophen, und füllt bei Hochwasser die Sandsäcke, oder ist zusammen mit der Feuerwehr im Kampf bei den immer mehr auftretenden Waldbränden? Es sind nicht die „Schreihälse“ mit ihren Parolen: „Frieden schaffen ohne Waffen“. Ich habe mich selbst einmal verteidigen müssen, mit der Waffe in der Hand. Und ja, ich habe auf Menschen geschossen, die ich nicht kannte, die mir und anderen an das berühmte Leder wollten. Da halfen auch keine warmen und einfühlsamen Worte. Das war im Libanon, in Beirut, während einer friedlichen Hochzeitsfeier, wie in meinem Buch „24 Stunden, die Kunst zu überleben“ beschrieben. Wir mussten uns in der Feuerpause und in der Pause der Bombenangriffe durch Israel gegenüber der vielen Plünderer zur Wehr setzen. Diese marodierenden Horden fackeln nicht lange und kennen kein Mitleid gegenüber Frauen, Kindern und älteren Menschen. Die wollten nur plündern. Wir waren als Christen in einem islamistischen Land und einem Nobelhotel voll mit edlen und teuren Dingen. Und an alle, die jetzt sagen werden, „ich werde niemals eine Waffe in die Hand nehmen und schießen“, denen kann ich erwidern, doch, auch DU wirst das Tun. Spätestens wenn das eigene Leben und die geliebte Familie bedroht wird. Und genau in diesen Situationen ist es wichtig, den richtigen Umgang mit der Waffe gelernt zu haben. Nicht in einem dörflichen Schützenverein, sondern professionell in der Bundeswehr. Nur dort lernt man die Gefahren einer Waffe in Menschenhand kennen. Nicht am Computer bei einem Ballerspiel. Alle, die solche Spiele mit Begeisterung spielen, die haben ein grundlegendes Problem. Nur der Highscore und das zu erreichenden Spieleziel, der geforderte „Bodycount“, Leichenzählen, macht den Reiz dieser Spiele aus. Aber dann gegen das Militär auftreten und auf den Straßen demonstrieren. Wie treten wir denn einem möglichen aggressiven Feind, der unser Land bedroht entgegen? Mit Worten? Ja, das muss immer die erste Lösung sein, aber wie sich so oft gezeigt hat, ist das unmöglich. Wir sind nicht die einzige Zivilisation und haben Werte. Noch Fragen? Ich bin sehr froh und allen verantwortungsvollen, besonnenen Politikern und Militärs sehr zum Dank verpflichtet, dass wir in einer verhältnismäßigen und friedlichen Umgebung leben dürfen. Im gesamten Europa und mit unseren Verbündeten. Dies war in der Vergangenheit nicht möglich. Ohne eine starke Truppe und einer starken Verteidigungsbereitschaft gäbe es unser Land und Europa nicht mehr. Was hätten wir dann für ein System und was wäre aus unserer so wichtigen Freiheit geworden? Denken diese Spinner, die das Militär abschaffen möchten, mal nach …, wenn es überhaupt möglich ist mit ihrem sehr begrenzten Geist. In der menschlichen Natur ist gegeben, dass der Stärkere den Schwächeren frisst. Gebt mir endlich ein Pöstchen in der Regierung oder macht mich zum Staatssekretär für irgendetwas. Ich wäre genauso eine Flasche, sitze meinen Arsch platt und kassiere eine Menge Kohle und bin unantastbar. Und sobald ich Mist baue, werde ich wegbefördert, wie geschehen in der Politik und in der Kirche. Hilfloser deutscher Staat. Aber es läuft doch alles und solange die Politik sich mit überwiegend unwichtigen Dingen und Themen befasst, da ist doch alles in Ordnung. Alles Unbequeme oder Arbeitsintensive kann erstmal auf die Seite gelegt werden oder muss totgequatscht werden. Vielleicht regeln sich die Probleme von allein oder werden von anderen kompetenten Staatsmännern gelöst. Ich erinnere nur an den Schwachsinn des G7-Gipfels in der schönen Hansestadt Hamburg. Welche Politiker muss der Irrsinn geritten haben, um diesen Chaoten-Gipfel mitten in einer Großstadt durchzuführen? Nach den Ausschreitungen war die Verwunderung über diese maßlose Gewalt groß. Man konnte doch damit rechnen, oder sind unsere Entscheidungsträger schon so weltfremd, dass die Volksvertreter das nicht wussten und erkannt haben? Und wer bitte musste das ausbaden? Die Bevölkerung und die Polizei. Aber nun ist die böse, böse Polizei mit Schuld, dass alles so aus dem Ruder gelaufen ist. An alle Hirnies: Die Polizei ist dazu da, um genau solche Exzesse und Ausschreitungen zu verhindern und das Hab und Gut sowie Leib und Leben der rechtschaffenen Bürger zu schützen. Jaja, nun wird diese Gewalt auf das Schärfste verurteilt. Na, da hat der Staat aber einmal richtig durchgegriffen. Schmeißt doch bei der nächsten Demo und Randale gleich mit Wattebällchen. Die Politiker und die Verantwortlichen im Staat gehen aber in die vorderste Reihe und verstecken sich nicht feige in ihren geschützten Palästen. Dieses Bild der Zerstörung hat in der ganzen Welt ein gutes Bild dieser Republik, der Führung und des Rechtstaates abgegeben. Danke. Wenn sich kein Bürger mehr zu Polizei melden würde, um diesen sehr belastenden Job zu wenig Geld auszuführen? Ja, was dann? Sollen sich die Bürger wie im Wilden Westen selbst verteidigen und jeder hat seine eigene Waffe, bei der ansteigenden Kriminalität? Und diese Chaoten, die immer schreien „Polizeigewalt“, gerade diese Vollpfosten haben doch den größten Dreck am berühmten Stecken. Und wer es noch nicht begriffen hat, in der Bundesrepublik geht die Staatsgewalt vom Volke aus. Sie wird vom Volke in Wahlen und Abstimmungen und durch besondere Organe, (Polizei, Gericht usw.) der Gesetzgebung, der vollziehenden Gewalt und der Rechtsprechung ausgeübt. Diese Gewaltenteilung ist ein tragendes Organisations- und Funktionsprinzip der Verfassung eines Rechtsstaates. Es bedeutet auch, dass ein und dieselbe Institution grundsätzlich nicht verschiedene Gewaltfunktionen ausüben darf. Sie sind den einzelnen Hoheitsbereichen zugeteilt. Dieser Satz ist für viele wieder geistig zu hoch, um es zu verstehen, macht aber nichts, denn diese Gestalten sollten wieder in die Kinderkrabbelgruppe gehen. Der Staat lässt sich aber genau durch diese Personen und auch durch die Medien oder sogar einige Politiker, die sich etwas profilieren müssen, beeinflussen. Die nächsten Wahlen stehen doch an und da möchte man gut in der Wählergunst stehen. Die völlige Hilflosigkeit dieses Staates zeigt sich im Pflegedienst. Diese Dienste wurden jahrelang totgespart, wie die Bundeswehr und andere wichtige Institutionen auch. Wir haben einen Pflegenotstand in der Alten- und Krankenpflege, vom Mangel an Landärzten will ich gar nicht reden. Nun kommt unsere glorreiche und so vorausschauende Regierung auf die Idee, sich Kräfte aus dem Ausland zu holen. In den Ländern, in denen geworben und mit Geldbündeln gewedelt wird, gibt es natürlich gut ausgebildete Kräfte. Aber werden diese Fachleute nicht in ihrem eigenen Land, dem Heimatland, dringend benötigt? Es ist genau das gleiche, als wenn ein

Freier in das Bordell geht, mit dicken Geldbündeln wedelt und laut ruft: „Wer geht mit mir mit auf das Zimmer? Ich brauche dringend jemanden zu meinem Vergnügen und Selbstbestätigung, denn ich habe meine Frau rausgeschmissen.“

Der Satz ist wieder schwierig zu verstehen für viele, oder? Einfach mal sacken lassen... Ohne Worte. Und genau das ist das große Problem in diesem Staat. Der Irrglaube, dass mit Geld alles sofort gelöst werden kann, ist in Deutschland weit verbreitet. Wir haben das nötige Potenzial für die Pflege, aber diese Leute, die dieser Berufung folgen, müssen anständig bezahlt und dürfen nicht mit einem Hungerlohn abgespeist werden. Jaja, die Kranken- und Pflegekosten steigen immer weiter, die Diäten und Riesengehälter der unfähigen Manager und Vorstandsbosse auch. Und viele dieser Leute sind so nutzlos und lästig wie ein Geschwür am Ende des verlängerten Rückgrates. Ich erinnere nur an die HSH Nordbank, die den deutschen Steuerzahler zig Milliarden gekostet hat und noch kostet. Das ist nur ein Beispiel. Und wen interessiert das? Niemanden. Ist nun mal so. Pech gehabt. Die Flaschen, die diese Bank in die Grütze gesetzt haben, wurden, wie es sich für einen Rechtsstaat gehört, zu einer Geldbuße verurteilt und die Verfahren sind vorläufig eingestellt worden. Die Manager zahlten eine Geldbuße von 4,85

Millionen Euro. Nur einer der angeklagten Ex-Vorstandsmitglieder stimmte der Geldauflage nicht zu und wird sich nochmals vor Gericht verantworten müssen. Alle anderen haben dieses Urteil angenommen. Für mich als „kleinen Bürger“ ohne großes Rechtswissen gleicht das einem Schuldeingeständnis. Die Sache ist für diese Herren erledigt und die Renten sind sicher. Das Privatkonto ist reichlich gefüllt. Die Kosten für den Schaden, den diese „Herren“ in ihren weißen Designerhemden und Anzügen angerichtet haben, trägt die Allgemeinheit. Ein neuer lukrativer Beraterjob wird sich schon finden lassen. Und der hilflose Staat schaut einfach zu. Nur am Rande erwähnt. Selbst die Arbeitnehmervertreter füllen sich ihre Taschen. Der Betriebsratsvorsitzende dieser besagten Bank erhält nach dem massiven Abbau von Arbeitsplätzen einen Sitz als einfaches Mitglied im Aufsichtsrat der Bank. Die Vergütung ist wie die aller im Aufsichtsrat nach der Übernahme durch die Amerikaner stark angestiegen. Dieser Posten wird mit einem Vielfachen im Jahr zum normalen Gehalt vergütet. So kann nachgelesen werden. Genaueres sagt die Bank nicht. Außerdem hat diese Pleitebank einen anderen Namen und kann ihren Geschäften mit hohen Managergehältern in Millionenhöhe unbehelligt weitergehen. Der hilflose Vater Staat und die Länder, die Eigentümer dieser Bank waren, kommen für alles auf. Natürlich bezahlen auch die Steuerzahler fleißig für alles. Das kommt dabei raus, wenn gebürgt wird … weiter zu solch einer blödsinnigen Bürgschaft in Kapitel 6.

Die völlige Hilflosigkeit und Schwäche dieses Staates offenbart sich im Thema „Flüchtlinge“, im Kapitel 6 weiter beschrieben. Freiheit ist gut, aber sie kann auch einen Staat zerstören und wir sind auf dem besten Weg. Wie heißt es: Wenn es dem Esel zu wohl wird, dann streckt er sich. Kurz mal nachdenken, sofern es für manche Zeitgenossen möglich ist. Das wird aber sehr schwer werden. Wie die Gesellschaft auf die staatlichen wichtigen Verordnungen, wie den Lockdown oder extremer den Shutdown reagiert, das kann man in den täglichen Nachrichten sehen. Der deutsche Michl versteht es nicht, dass die Corona-Lage sehr ernst ist und eine Bedrohung ist. Aber die Reisefreiheit und die Party sind wichtiger als die Gesundheit. Gegen Dummheit ist bekanntlich kein Kraut gewachsen.

Kapitel 4
Demokratie?

Der Begriff „Demokratie“, kommt aus dem altgriechischen *dēmokratía,* „Herrschaft des Staatsvolkes“, von „Staatsvolk“ und „Gewalt, Macht, Herrschaft“ und bezeichnet heute Herrschaftsformen, politische Ordnungen oder politische Systeme, in denen die Macht und die Regierung vom Volk ausgeht, genauer bezeichnet als „Volksherrschaften“.

Diese wird entweder unmittelbar (direkte Demokratie) oder durch Auswahl entscheidungstragender Repräsentanten (repräsentative Demokratie) an allen Entscheidungen, die die Allgemeinheit verbindlich betreffen, ausgeübt. In demokratischen Staaten und politischen Systemen geht die Regierung durch politische Wahlen aus dem Volk hervor. Da die Macht von der Allgemeinheit ausgeübt wird, sind Meinungs- und Pressefreiheit zur politischen Willensbildung unerlässlich. Weitere wichtige Merkmale einer modernen Demokratie sind freie und gleiche Wahlen, das Mehrheits- oder Konsensprinzip, Minderheitenprinzip, die Akzeptanz einer politischen Opposition, Gewaltenteilung, der Verfassungsmäßigkeit sowie Schutz der Grund-, Bürger- und Menschenrechte. Diese liberale Wertebasis, die als solche auch durch Mehrheitsentscheidung nicht antastbar ist, unterscheidet sie auch wesentlich von einer Ochlokratie, Volkrepublik oder Tyrannei der Mehrheit. Soweit die Theorie. Viele der existierenden Demokratien bezeichnen sich grundsätzlich als Republiken, wobei Republiken keine Demokratien sein müssen, sondern lediglich sich in Abkehr zur Monarchie definieren. Aber auch moderne Monarchien sind mit dem Demokratiebegriff in vielerlei Hinsicht vereinbar geworden – so haben sich gemischte Staatsformen wie die parlamentarische Monarchie herausgebildet, die entscheidende Elemente einer Demokratie in sich vereinen. Es gibt verschiedene Formen der Demokratiebemessung. Nach dem Demokratieindex von 2019 leben rund 5,7% der Weltbevölkerung in „vollständigen Demokratien“, der Rest in „unvollständigen Demokratien“, teildemokratischen, teils autoritären Systemen oder Autokratien.

Das Thema Demokratie wird sehr oft strapaziert und die freie Meinungsäußerung ist bei unangenehmen Themen sehr eingeschränkt. Das Üble ist, die Medien und die Politik und damit das Volk springen sofort an, wenn Parteien auftreten, die einer anderen Meinung sind. Nur der Mainstream zählt. Die eigentlichen großen Volksparteien gibt es nicht mehr. Sobald es eine neue Partei in ein Parlament mit den nötigen Wählerstimmen schafft und diese Partei nicht in den berühmten Kram der anderen Parteien und der Berufsdemonstranten passt, dann geht die Hetze los. Egal, ob gerechtfertigt oder nicht. Das verwerfliche und undemokratische ist, wenn Parteien, die Tausende oder gar Millionen Wählerstimmen bei einer Wahl erhalten, ganz einfach ignoriert werden und nicht am politischen Leben teilnehmen dürfen. Was für eine Demokratie ist das denn? Ich nenne das Scheinheiligkeit und eine Heuchlerdemokratie. Es wird immer der gleiche Mist und die üble Vergangenheit unter dem verstaubten Teppich hervorgeholt, um diese neue Partei klein zu halten und mit billigen Scheißhausparolen mundtot zu machen. Und der Pöbel springt darauf an. Jedes Wort wird im Mund herumgedreht oder schlimmer noch jeder Satz wird in der Presse aus dem Zusammenhang gerissen, nur um Quote zu machen. Der absolute Irrsinn greift um sich, sobald Organisationen und Parteien die nichts mehr zu sagen haben oder sich langweilen, sich profilieren möchten und auch „normale" Bürger über Worte aufregen, die schon lange in unserem deutschen Sprachgebrauch zu finden sind und seit Kindestagen über Generationen verwendet wurden. Ohne Hintergedanken und Diskriminierung oder Anspielungen auf das Dritte Reich. Ganz normale Worte. Einige Beispiele: „Negerkuss", für eine mit Schokoladen überzogene Schaumwaffel. Gut das ist zu verstehen, denn die Zeit bringt solche Veränderungen mit sich. Nun aber ist das diskriminierend. Was ist denn mit dem allgemein gebräuchlichen Wort „Führerschein“? Darin befindet sich ein gebranntes Wort, nämlich „Führer“. Selbst auf jeder Fahrerlaubnis steht noch dieses Wort! Eine konsequente Entscheidung ist, alle Führerscheine einzuziehen und diese neu auszugeben, mit dem Aufdruck „Fahrerlaubnis“ . Natürlich kostenlos für die Bürger! Oder der „Reichstag“. In diesem belasteten Gebäude tagt der Bundestag. Es ist schon sehr verwunderlich, dass sich unsere Politiker noch nicht in vielen Sitzungen und Endlosdebatten damit beschäftigt haben. Sie haben doch sonst keine anderen und wichtigere Themen, um sich in Szene zu setzen oder zu profilieren. Ich erhebe Einspruch gegen das Wort „Reich“ für diesen Palast und Streichung aus dem Wortschatz und ich verlange, dass der Bundestag aus diesem Gebäude auszieht. So und nun? Wenn schon, denn schon. Inkonsequenz ist aber das tägliche Geschäft unserer Politik.

Und die großen deutschen Unternehmen, die an der Börse und im DAX gehandelt werden und viel Geld verdienen? Viele dieser wirtschaftsstarken Unternehmen unterstützten die Kriegsvorbereitungen und den Krieg. Zahlreiche Politiker sitzen in diesen Vorständen und Aufsichtsräten. Warum entschädigen diese Firmen nicht die Geschädigten. Es sind zahlreiche deutsche Mitbürger darunter. Seltsam, da wird kein großes Aufheben gemacht und alles ist ganz in Ordnung. Warum diese Unterschiede. Heuchlerei … typisch deutsch. Es gibt, Politiker die „abgesägt" worden sind. Diese Typen melden sich regelmäßig mit einem Schwachsinn zu Wort, um nicht ganz in der Versenkung zu verschwinden. Das wäre aber besser so, für alle. Ein Dank an die Demokratie. Ist unsere Gesellschaft und die Politik schon so geeicht und manipuliert, sei es von „der Nachkriegsschuld" und der „ewigen Schande" weniger, dass eine demokratische und faire Auseinandersetzung und die Akzeptanz mit diesen Parteien nicht mehr möglich ist? Ich habe eine politische Meinung, die werde ich aber nicht preisgeben. Wenn die Wahlen anstehen, dann verlasse ich mich mit Sicherheit nicht auf die blödsinnigen Wahlversprechen der Parteien, sondern ich bin wie ein Elefant, ich vergesse nichts. Und ich bewerte die Arbeit der letzten Jahre, egal ob Regierung, der Opposition und der Randparteien, welche nie zum Zug kommen. Wir haben den Artikel 5 im Grundgesetz. Ich bin mir nicht sicher, ob alle Politiker diesen Artikel kennen und auch begriffen haben. Meinungsfreiheit heißt auch, die unbequeme Wahrheit offen und ehrlich auszusprechen und die Dinge beim Namen zu nennen. Nicht nur um den heißen Brei rumreden, weil es vielleicht, eventuell oder unter Umständen einer bestimmten Gruppe nicht passt und sie sich persönlich angegriffen fühlen. Also immer schön aalglatt sein und nur nicht anecken. Wieso kann nicht offen ausgesprochen werden, dass wir in Deutschland ein Integrations- und Flüchtlingsproblem haben? Die wöchentlichen Krawalle, die Übergriffe auf die Frauen und all die anderen Straftaten, die werden nur sehr vorsichtig in Presse, Funk und Fernsehen erwähnt. Natürlich sind nicht für alles die verschiedenen Bevölkerungsgruppen verantwortlich. Aber wenn diese Typen unser Rechtssystem nicht verstehen können oder wollen, dann müssen sie ein Pflichtjahr in Benimm- und Kulturunterricht erhalten. Wer sich sperrt, der zeigt, dass er nicht integriert werden will und dann raus aus unserem Land, sofort und ohne Wenn und Aber. Solange unsere Politik es nicht auf die Reihe bringt, sich mit den Randparteien gerecht und demokratisch auseinanderzusetzen und immer gleich auf das rechte Pferd setzen, na dann ist es mit der Demokratie in unserem Land nicht weit her.

Eine niederträchtige Spezies sind die „Hater“ und die Hetzer im Internet. Diese Gestalten verstecken sich feige in ihrer Anonymität und einem

Fake Namen. Ein sehr schwacher Charakter und eine Unsicherheit zeichnet diese Personen aus. Für eine offene und faire Diskussion fehlt es am nötigen Geist. Also am einfachsten ist es … ignorieren. Ich möchte nur damit sagen, dass eine Demokratie auch gefährlich sein kann, wenn es Strömungen in dem Land gibt, die damit nicht umgehen können oder wollen. Wenn es dem Esel zu wohl wird, dann streckt er sich. Kurz einmal nachgedacht. Und wenn es einigen Subjekten in der Bundesrepublik Deutschland nicht wohl ist und nicht gefällt, ja dann kann doch jeder dorthin gehen, wo man meint, es gehe ihm besser. Aber für solch einen Schritt sind diese „Demokraten“ zu feige, denn nur in Deutschland können diese Typen ihr Verständnis von Freiheit und Demokratie krankhaft ausleben und werden nicht oder nur wenig sanktioniert. Siehe auch die Kapitel 6, 12, 14 und 19. Und diskriminierend ist nicht allein ein Wort, sondern die Gesinnung und das was daraus gemacht wird!

Kapitel 5
Bundestag, Diätengrab für ein kleines Land

Der Bundestag ist der Name für eine Gruppe von Menschen oder Bürgern, die in diesem Haus arbeiten. Die Menschen in dieser Gruppe nennt man auch Abgeordnete. Es sind Frauen und Männer, wie du und ich, also keine Auserwählten oder Übermenschen. Das darf nicht vergessen werden. Der Deutsche Bundestag (Abkürzung BT) ist das Parlament und somit das gesetzgebende Organ der Bundesrepublik Deutschland mit Sitz in Berlin. Der Bundestag wird im politischen System Deutschlands als einziges Verfassungsorgan des Bundes direkt vom Staatsvolk, den deutschen Staatsbürgern, gewählt gemäß Art. 20 Abs. 2 Satz 2 GG i. V. m. Art. 38 GG.

Die gesetzliche Anzahl seiner das ganze Volk vertretenden Mitglieder beträgt 598 nach § 1 Abs. 1 Satz 1 BWahlG. Die tatsächliche Mitgliedszahl kann aufgrund von Überhang- und Ausgleichsmandaten höher sein. Im 19. Deutschen Bundestag besteht die Rekordzahl von 709 Mandaten, womit der Bundestag das größte frei gewählte nationale Ein-Kammer-Parlament der Welt ist. So, was soll das denn bedeuten? Und wieso ist das so kompliziert? Die Bundestagsabgeordneten entscheiden im Deutschen Bundestag über ganz

Deutschland. Da werden keine Ausgleichs- und Überhangmandate aus den einzelnen Wahlkreisen benötigt. Eine Direktkandidatenwahl aus ganz Deutschland, aufgestellt von den einzelnen Parteien. Nur die Kandidaten, die vom ganzen deutschen Wählervolk in den Bundestag gewählt worden sind und die meisten Stimmen erhalten haben, ganz wie bei der Klassensprecherwahl, die sollten auch über dieses Land entscheiden. Natürlich lichten sich dann die Reihen gewaltig und die Hinterbänkler und nur den Hintern platt sitzenden Zeitgenossen fliegen raus. Dazu müsste erst das veraltete Wahlgesetz geändert werden, aber das wird nie geschehen, denn die Damen und Herren Volksvertreter sägen doch nicht ihren sicheren Ast ab, auf dem sie sitzen, gefüttert und versorgt werden.

Eine Legislaturperiode des Bundestages dauert grundsätzlich vier Jahre. Die Mitglieder des Deutschen Bundestages (MdB) können sich zu Fraktionen oder Gruppen zusammenschließen und genießen damit einen besonderen Verfahrens- und Organisationsstatus. Dem Bundestag steht der Präsident des Deutschen Bundestages (kurz: Bundestagspräsident) vor, der zugleich das Amt des Präsidenten der Bundesversammlung inne hat. Aktueller Bundestagspräsident im Jahr 2020 ist Wolfgang Schäuble (CDU). Er wurde 1990 das

Opfer eines psychisch kranken Attentäters. Das ist die Kehrseite Politikeralltages.

Der Alterspräsident, leitet gemäß Geschäftsordnung die erste Sitzung des Deutschen Bundestages zum Beginn einer neuen Legislaturperiode. Der Bundestag hat eine Vielzahl von Aufgaben: Er hat die Gesetzgebungsfunktion, das heißt, er schafft das Bundesrecht und ändert das Grundgesetz, die Verfassung. Hierbei bedarf es häufig der Mitwirkung des Bundesrates, eines selbstständigen Verfassungsorgans, das Aufgaben vergleichbar mit denen einer Zweiten Parlamentskammer (international üblicherweise als Oberhaus eingeordnet) hat. Der Bundestag genehmigt Verträge mit anderen Staaten und Organisationen (internationale Verträge) und beschließt den Bundeshaushaltsplan. Im Rahmen seiner Kreationsfunktion wählt er unter anderem mit absoluter Mehrheit den Regierungschef (Bundeskanzler) und wirkt mit bei der Wahl des Staatsoberhauptes (Bundespräsident), der Bundesrichter und anderer wichtiger Bundesorgane. Der Bundestag übt die parlamentarische Kontrolle gegenüber der Regierung und der Exekutive des Bundes aus, er kontrolliert auch den Einsatz der Bundeswehr. Politisch bedeutsam ist die Öffentlichkeitsfunktion, wonach der Bundestag die Aufgabe hat, die Wünsche des Volkes auszudrücken und es umgekehrt zu informieren.

Der Deutsche Bundestag hat seit 1999 seinen Sitz im Reichstagsgebäude im Berliner Bezirk Mitte. Daneben unterhält er noch eine Reihe weiterer Funktionsgebäude zur Unterstützung der parlamentarischen Arbeit. Das Reichstagsgebäude wird von der Polizei beim Deutschen Bundestag geschützt, die dem Bundestagspräsidenten untersteht.

Unser Bundestag ist die Aufwärmhalle für kalte Jahreszeiten und ein Spielzimmer für die Abgeordneten mit ihren Handys. Ich bin kein Schüler mehr, aber ob eine Handyspielerei während des Unterrichts erlaubt ist, da regen sich doch starke Zweifel bei mir. Und jeder Arbeitnehmer, der an seinem Arbeitsplatz mit seinem Handy spielt oder einer anderen Beschäftigung nachgeht, der kassiert eine Abmahnung. Im Bundestag ist das alles in Ordnung. Der Bundestag hat eine gute Kantine, in der edle Speisen wie norwegischer Lachs, Steak aus Argentinien, Ente aus Frankreich, Pfifferlinge aus Polen und so weiter angeboten werden. Und wo sind die heimischen Erzeuger mit ihren guten Produkten? Die sind wohl nicht gut genug für unsere Volksvertreter? Wie von der Kirche gepredigt wird: WIR, das Volk, sollen Wasser saufen (einheimische Produkte kaufen) und die Herren und Damen, die saufen den Wein (edle Produkte aus dem Ausland.). Da wird dem Volk immer eingehämmert, dass die heimische Landwirtschaft unterstützt werden muss. Auch ein Transport mit Schiff und Flugzeug dieser Waren ist nicht umweltverträglich, so wird es UNS, dem VOLK, eingetrichtert. Scheinheiliges Gerede. Aber jeder ist sich selbst der nächste, beim Essen und dem Geld.

Diätenerhöhung. Endloses Thema. Es ist die Regel, dass sich die Diäten der Volksvertreter automatisch erhöhen. Natürlich muss das erst abgesegnet werden … von den Vertretern im eigenen Haus. Es ist kein Gehalt oder Lohn, sondern eine Aufwandsentschädigung. Selbstverständlich steuerfrei. 2019 lag diese Entschädigung bei ca. 10.100 Euro. Diese Entschädigung soll die Verdienstausfälle der armen Abgeordneten, die durch die Ausübung ihres Mandats entstehen, kompensieren und ihre Unabhängigkeit garantieren. Ja, wer zwingt denn diese Herren und Damen dazu, ihren Job aufzugeben? Niemand. Sie haben es sich doch selbst ausgesucht. Und wenn man sich so im edlen Kreis umsieht, da wird man sehr schnell feststellen, dass kein einziger Abgeordneter seinen Beruf aufgeben musste. Ganz im Gegenteil … es sind noch mehr Jobs dazugekommen. Aufsichtsratsposten, Jobs in diversen Vorstandsetagen, sinnlose Beraterposten in der Wirtschaft, Vorträge bei diversen Veranstaltungen und so weiter. So viel zum Thema „Unabhängigkeit". Alles sehr gut honoriert und unter dem Deckmantel der „Verschwiegenheit". Die Abgeordneten müssen ihre Nebeneinkünfte nicht auf den Euro genau angeben. Nur in groben Verdienststufen. Diese reichen in der niedrigsten Stufe 1 von ca. 1000 bis zu 3000 Euro, bis hin zu der höchsten Stufe 10 die bei mehr als 250.000 Euro liegt. Und da gibt es viele. Jeder kleine Arbeitnehmer muss dem Finanzamt genau mitteilen, wann und wie viel er dazuverdient hat, damit der Staat seine klebrigen und gierigen Finger ausstrecken kann. Auf Heller und Pfennig. Vor dem Gesetz sind alle gleich, Art. 3 GG, nur manche sind gleicher, besser ausgedrückt, sie sind aalglatter. Natürlich und selbstverständlich haben die Abgeordneten des Deutschen Bundestag alle Annehmlichkeiten. Sie erhalten eine Amtsausstattung als Aufwandsentschädigung und die ist nicht ohne. Sie umfasst Geld und Sachleistungen, einen Sitz im pompösen Bundestag, die freie Benutzung aller Verkehrsmittel inklusive der Eisenbahn, Flugzeuge (nur Inlandsflüge) und die Dienstfahrzeuge. Der Fitnessraum im Bundestag wird wohl noch umgebaut (Stand 07/2020). Das nervt die so gestressten Politiker, weil sie ihre überschüssigen Pfunde nicht loswerden. Ein geflügeltes Wort unter den Politikerkollegen ist: „Seit wie vielen Kilos sitzt du denn schon im Bundestag?“ Meine Antwort wäre: seit zu vielen. Mehr arbeiten und weniger üppig fressen auf Kosten der Steuerzahler. Es ist nicht verwunderlich, dass ein Edelgastronom auf der Dachterrasse sein edles Lager aufgeschlagen hat. Dieses Restaurant ist auch für die Öffentlichkeit zugänglich. Man könnte noch sehr viel mehr über dieses hohe Haus schreiben, aber ich lasse das erstmal. Der Bürger muss sich sein eigenes Bild machen oder die Bundestagsdebatten im Fernsehen ansehen. Bei einer Frontalaufnahme des Plenarsaals einfach mal den Blick über die leeren Sitze schweifen lassen. Aber auch die leeren Sitze verdienen Geld für ihre nichtanwesenden Volksvertreter. Seit Jahren versuchen die Politiker „verzweifelt“ den Bundestag zu verkleinern, bisher ohne Erfolg. Warum auch sollten diese Herren und Damen ihre Einnahmequelle abschaffen? Der deutsche, naive und dummspießige „Michel“ und Gartenzwergliebhaber nimmt es ohne Murren so hin … nach dem Motto: „Was geht mich das an?“

Ich grüße alle gewählten Vertreter des deutschen Volkes und dem angeschlossenen Rattenschwanz. Bleibt gesund und lasst es euch weiterhin gut gehen, wir das Volk sorgen für euch. Macht endlich eure Arbeit, für die ihr reichlich bezahlt werdet.

Schmarotzer haben wir genug in diesem Land. Es wird auch Zeit, dass eine Anwesenheitspflicht eingeführt wird. Und da kann es keine billige Ausreden geben, wie Arbeit im Wahlkreis oder in einem anderen wichtigen Ausschuss. Bezahlt werdet ihr für euer Bundestagsmandat und die Debatten in diesem Bundestag sind entscheidend für die Bundesrepublik Deutschland und deren Bürger. Ihr habt einen Eid geleistet, schon vergessen? Wie will man diesen Eid erfüllen, wenn man nicht weiß, was abgeht, und die Debatten geschwänzt werden. Ein normaler Arbeitnehmer muss auch tagtäglich seinen Arsch in die Arbeit bewegen, um seinen Job zu machen. Dann kann man es auch von den Politikern erwarten.

Kapitel 6
Flüchtlinge, ein Staat wird überrannt

„Wir schaffen das". Wer ist denn WIR? Die Politiker, die das alles zu verantworten haben, ganz sicher nicht, wie sich in den letzten Jahren gezeigt hat. Das deutsche Volk muss den ganzen Mist ausbaden und schultern, nicht die unfähigen Politiker, die sich zu Beginn der Flüchtlingswelle profilieren wollten. Nun muss ich sehr aufpassen, was und wie ich alles schreibe. Aber es ist mir egal. Ich bin Nationalist, kein Rechter, kein Nazi oder sonst irgendein Extremist. Ich bin nur ein deutscher Staatsbürger mit einer eigenen freien Meinung. Ich verurteile die Menschen nicht, die in ihrer Not und in dem ganzen Elend bei uns in unserem sicheren Land Zuflucht suchen. Jeder ist willkommen, wenn er oder sie sich anständig integrieren und unserer Gemeinschaft dienen wollen. Das Wort „Flüchtlinge" sagt aus, dass Menschen vor Krieg flüchten. Nicht vor einem sozialen und materiellen und niedrigen Level. Das bedeutet, warum sollte man in dem Heimatland bleiben, wenn in Deutschland der Tisch mehr als reich gedeckt ist? Geld zu bekommen, ohne zu arbeiten? Ein Schlaraffenland. Wie kann es sein, dass selbst „Flüchtlinge" aus Ländern zu uns kommen, in denen kein Krieg ist? Da wird ein Land schnell zum unsicheren Land erklärt, weil es dort möglicherweise Verfolgung geben könnte. In welchem Land dieser Erde gibt es keine Verfolgung andersdenkender Menschen? Sollen wir alle Bürger aus den USA aufnehmen, die Probleme mit dem Staat und dem Präsidenten haben? Man könnte unzählige Länder aufzählen, in denen die Personen von den staatlichen Organen verfolgt und gesucht werden. Ob berechtigt oder nicht. In jedem Land gibt es Gesetze und auch diese Bürger müssen sich an diese halten. Wer es nicht will oder kann … ja, was will diese Person hier? Sicher wird in Deutschland alles nicht so streng gehandhabt und ist sehr human, aber auch das hat seine Grenzen. Als im Jahre 2015 die Flüchtlingswelle begann, wurde unsere Regierung und Gesellschaft völlig überrascht. Warum? Es ist doch erstaunlich gewesen, wie blauäugig alle mit diesem Thema umgegangen sind. So naiv konnte doch unsere Regierenden, besonders die obere Führung nicht gewesen sein, das alles vorauszusehen. Der Exodus in vielen Ländern an Menschen wurde doch noch unterstützt und befeuert. Diese Menschen fehlen als Arbeitskräfte für den Wiederaufbau und für den Umbruch in den Ländern. Zurückgehen werden diese Flüchtlinge nie wieder. Wer soll denn in den Ländern für Ordnung und den Wiederaufbau sorgen? Wir? Und das Volk stand an den Bahnsteigen und Grenzen und klatschten Beifall … wenig später wurden eben diese „Helden“ verdammt. Wie dämlich muss man sein? Flüchtlinge gibt es schon, seit es Menschen gibt. Dass die meisten Flüchtlinge aus Syrien zu uns kommen, das erklärt sich von selbst. Aber es gibt Länder, in denen es keinen Krieg gibt, nur weniger Wohlstand als bei uns und dieser Wohlstand ist nicht auf Bäumen gewachsen. Nur durch die harte Arbeit vergangener Generationen ist alles geschaffen worden. Wie kann es sein, dass Menschen, die noch nie eine Mark oder jetzt Euro in die Sozialkassen gezahlt haben, monatlich mehr Geld in der Tasche haben als die Menschen, die zur Arbeit gehen? Das muss mir mal jemand erklären … aber plausibel ohne dem sonst so üblichen Rechtsstaat- und Sozialstaatgeschwafel. Ich wundere mich nur, wie es angehen kann, dass es Flüchtlinge gibt, die von Sozialleistungen leben und natürlich ganz offiziell mittellos sind… aber dennoch die teuren Markenklamotten tragen, die neusten Handys mit Verträgen in den Flossen halten und die dicksten und teuersten Autos fahren. Natürlich gehört dieses Gefährt nicht demjenigen der in der Karre sitzt, diese aber tagtäglich fährt und damit protzt. Der Staat hat den Schuss nicht gehört, oder er will es nicht. Ein deutscher Hartz-4-Empfänger, sollte er die Dreistigkeit besitzen und mit einem alten,

rostigen Kleinwagen vor das Amt zu fahren ... na dann ist was los. Sofort werden alle Finanzen bis aufs kleinste untersucht, denn bei den Einheimischen ist das sehr einfach. An die anderen „Mitbürger" trauen die sich nicht ran. Es könnte doch eine Gestalt hervorgekrochen kommen und laut „Diskriminierung der Ausländer" schreien. Wie oft ist es vorgekommen, dass vom Amt lebende Familien mehrere Luxushäuser besitzen. Auch dort traut sich dieser schwache Staat nicht, konsequent durchzugreifen. Wenn, dann dauert es Jahre und die Herren haben ihre Kohle längst außer Landes geschafft. Genau in die Länder, aus denen sie vor dem Krieg und Verfolgung geflohen sind. Ich höre das Gelächter aller. Welcome im Paradies und einem Staat der naiven Gutmenschen.
„Anmerkung des Autors: Dieses Wort ist keine Diskriminierung oder eine Unterstützung für rechte oder linke Gruppierungen!!".Es ist nur ein Wort und derjenige der böses dabei denkt, der sollte seine Gesinnung überdenken!

Weltweit sind ca. 80 Millionen Menschen auf der Flucht. Dies ist ca. 1% der Weltbevölkerung. Deutschland hat im Moment ca. 83 Millionen Einwohner und eine Fläche von 357 km². Dies bedeutet, dass pro km² 235 Einwohner leben. Wenn jetzt alle 80 Millionen Flüchtlinge ins gelobte Land, Deutschland kommen werden, dann steigt die Einwohnerzahl pro km^2 auf ungefähr 480 an. Da wird es eng und die „Gutmenschen“ kommen aus dem Beifallklatschen bei der Ankunft nicht mehr heraus. Ich sehe schon die Massen-Ekstase an den Bahnsteigen. Diese Rechnung ist nur sehr grob berechnet, aber egal. Es ist nur ein Anhaltspunkt und etwas Wahres daran. Noch einmal für die etwas Schwerfälligen und Begriffsstutzigen. Ich habe nichts gegen Flüchtlinge, aber eine geregelte Einwanderung und Asylpolitik muss doch zu bewältigen sein. Ansonsten sehe ich den sozialen Frieden gefährdet. Dann helfen auch keine Appelle und so allseits beliebten warmen Worte der Politik und der Kirche.

Ach ja, die Kirche und das Kirchenasyl. Da zeigt sich doch die ganze Staatsverachtung dieser Institution. Es wird Kirchenasyl für Menschen gewährt, die rechtlich gesehen ausreisen müssten, weil ihr Asylantrag abgelehnt wurde. Diese Kirche setzt sich über das geltende Recht und die Gesetze hinweg. Ich selbst habe es einmal in einem Islamischen Land probiert mich in einer Moschee einzunisten und bat um Speis und Trank. Kurz bevor ich die Bekanntschaft mit den Ordnungshütern gemacht habe, bin ich gegangen. Dort wird kurzer Prozess gemacht. Hier aber ist alles möglich. Ich frage mich nur, wieso die ganzen Menschen, einmal von der staatlichen Zuwendung abgesehen, bei uns sind. Wir sind doch die verhassten Ungläubigen, die immer und überall bekämpft werden müssen. So steht es im Koran. Das sagt alles über den Charakter dieser Menschen aus. Eine andere Spezies sind die deutschen Bürgen für die Flüchtlinge. Etwas voreilig und ohne Hirn und nachzudenken, haben sich viele als Bürgen für die Menschen verpflichtet. Was ist denn ein Bürge? Was ist denn eine Bürgschaft? Es ist ein Vertrag, durch den sich ein Bürge verpflichtet, für die Verbindlichkeiten eines Dritten gegenüber dessen Gläubiger einzustehen. Das heißt: Alle Kosten muss der Bürge übernehmen und wird zur Rückzahlung aller Kosten, die dem deutschen Staat und damit der Gesellschaft entstanden sind, erstatten. Nun haben die Bürgen voller Verwunderung auf die hohe Rechnung gesehen und konnten alles nicht so verstehen. Dann erst einmal dagegen klagen. Logisch, die Allgemeinheit soll alles bezahlen, denn mein Gewissen ist doch rein und ich habe mich um die Menschen gekümmert, mit einer Bürgschaft und der Kostenübernahme. Nur bezahlen müssen andere.

Ein anderes mir sehr wichtiges Thema ist die allseits so beliebte „Tafel“. Freies Essen holen, natürlich mit der dicken Nobelkarosse und mit allen Familienmitgliedern in Kompaniestärke. Ich fahre mit meinem Kleinwagen immer an der Tafel vorbei, zum Discounter. Wenn ich es schaffe, ungehindert an den dicken Schlitten vorbeizukommen, dann kann ich ab und an einen Blick auf die „Bedürftigen“ erhaschen. Ich werde nun meinen Sozialstatus überdenken und auf „Bedürftigkeit“ umstellen. Um so einen Luxuskarren fahren zu können, muss ich zuerst einen weitläufigen Verwandten im Nahen Osten oder in der Mongolei finden. Dem gehört natürlich das Fahrzeug und ich darf es nur fahren. Gegen eine kleine Spende werde ich so einen Verwanden finden können. Alles geritzt und ich habe ein Auto der Oberklasse. Für meine Nahrungsmittel ist bestens gesorgt, denn ich habe keine Lebenshaltungskosten mehr und so kann ich mir den Sprit leisten. Bei der Tafel sehe ich aber keine älteren Menschen, die ihr Nötigstes von der Tafel mit ihren Rollatoren abholen. Nur junge und mittlere Generationen, gut angezogen und den Kofferraum vollpackend. Wenn schönes Wetter ist, dann ist auf der angrenzenden Grünfläche eine Grillparty angesagt. Die arme alte Omi schleppt ihre Einkaufstüte nach Hause und freut sich, dass sie mir ihren wenigen Zähnen zu beißen hat. Wenn sie denn an die Reihe kommt und nicht von den Bedürftigen neuen Mitbürgern weggedrängt wird. Es lebe der Sozialstaat. Offen für alle Schmarotzer dieser Welt. Es ist nichts dagegen einzuwenden, dass sich Menschen, die bedürftig sind, ihr Essen und Trinken von der Tafel holen. Ich sage: bedürftig. Ist ein Mensch, der eine teure große Nobelkarosse fährt, ein Bedürftiger. Nein. Aber es interessiert keinen, wie so vieles in unserem Lande. Was geht es mich an … eine Volkskrankheit. Aber wenn es an den eigenen Geldbeutel geht, ja dann ist Schluss mit lustig. Deutschland hat ein Integrationsproblem. Ob das die guten Menschen in der zu liberalen Gesellschaft hören wollen oder nicht. Es kann doch nicht angehen, dass sich marodierende Gruppen Halbwüchsiger in den Städten Straßenschlachten liefern können, unterstützt von asozialen Einheimischen Idioten. Ja, wo leben wir denn? Wir, die deutsche Gesellschaft, haben diese Menschen bei uns aufgenommen, um ihnen Frieden und eine gesicherte Zukunft zu bieten und zu ermöglichen. Ist das nun der Dank dafür? Die Ordnungskräfte schaffen es, den einen oder anderen Randalierer festzusetzen, müssen diese Straftäter auf Anordnung der schwachen Justiz wieder auf freien Fuß setzen. Dann können diese Chaoten in den nächsten Supermarkt gehen und sich von dem Geld des Sozialamtes wieder neuen Alkohol kaufen und das Spiel geht von vorne los. Wieso sind diese Chaoten wohl aus ihrem Heimatland geflohen? Ganz einfach. Dort landen diese Herren im Knast und weg sind sie. Aber hier zu Lande, da können sie machen, was sie wollen, denn sie haben sehr schnell gemerkt, wie schwach unser Staat und die Justiz ist. Unser Rechtsstaat muss nun dringend seine Haltung gegenüber diesem nicht integrationswilligen Personenkreis überdenken. Es wird auch immer von der Presse geschrieben, dass unser Staat mehr für die Integration und Bildung dieser jungen Flüchtlinge unternehmen muss. Es hieß doch zu Beginn der Flüchtlingswelle, dass es lauter hoch qualifizierte Flüchtlinge sind. Deutschland brauche diese Leute. Aha, nun muss doch auch der letzte gute Mensch erkennen, was da alles zu uns kommt, oder schon in unserem Land ist. Schmeißt sie endlich konsequent raus … ohne lange kostenintensive Gerichtsverhandlungen, die auch noch von den öffentlichen Kassen getragen werden müssen und all den anderen Scheiß. Sie hatten ihre Chance. Und nochmals. Wer sich an die Regeln in unserem Land nicht hält oder nicht will, der muss raus und in sein Ursprungsland zurückkehren, ohne die Möglichkeit zu haben, lange gegen eine Abschiebung zu klagen. Die humanitäre Schiene oder Ausrede zählt dann nicht mehr. Ein Schlagwort in der heutigen Zeit lautet: Diskriminierung! Sobald es diesen Emigranten an den berühmten Kragen geht, da kommt ein „Eimigrationshelfer“ aus irgendeinem

Loch gekrochen und beschwert sich, dass es einen weiteren Fall der Diskriminierung gibt. Warum dieser Emigrant bzw. Flüchtling abgeschoben werden soll, dass ist unerheblich. Wir leben in einem Rechtsstaat und dieser Staat achtet sehr genau darauf, was dem Gesetz entspricht. So oder so. Denn auch die Flüchtlinge müssen das endlich akzeptieren und begreifen, dass man uns nicht auf der Nase herumtanzen kann. Und schuld an der Diskriminierung einzelnen Personen ist doch die Politik und die …ich darf diesen Begriff nicht verwenden, wenn sich der normale deutsche Wähler irgendwann einmal zu einer Ausdrucksweise in dieser Richtung hinreißen lässt. Was war denn das für ein medialer Aufstand, als ein Oberbürgermeiste in einer süddeutschen Stadt zum Schutz seiner Bediensteten in den einzelnen Abteilungen eine Liste gefährlicher und auffälliger Emigranten angelegt hat? Diese Liste musste sofort gelöscht werden! Warum denn? Sie war nur für den internen Behördengebrauch gedacht, um festzustellen, wer den Bediensteten gegenübersitzt. Aber: Wir Deutschen sind überall registriert und vermerkt. Schufa, Führungszeugnisse und so weiter, aber bei den zahlreichen Emigranten werden keine Daten in diesem Umfang erhoben. Das ist diskriminierend. Irrsinnig. Und da muss man sich nicht wundern, wenn es Gruppierungen gibt, die immer mehr Zulauf bekommen! Wer wird nun diskriminiert? WIR!!

Kapitel 7
Politiker und deren Nebeneinkünfte

Bundestagsabgeordneter ist ein Vollzeitjob, sollte man denken. Doch mehr als 25% der Abgeordneten finden noch genügend Zeit, sich um andere Anliegen als die ihrer Wähler zu kümmern. So verdienen prominente Politiker damit deutlich mehr Geld, als sie für sein Amt als Abgeordnete erhalten.

Ein Vortrag hier, ein bisschen „Beratung“ dort: Die 709 Bundestagsabgeordneten, in Worten, siebenhundertneun, für dieses kleine Land, haben seit dem Herbst 2017 durch Nebentätigkeiten zusammen mindestens 16 Millionen Euro eingenommen. Mehr als jeder vierte Volksvertreter geht inzwischen einem bezahlten Nebenjob nach. Darunter auch prominente Politiker. Bei einer kleinen, immer an der 5% Prozent kratzenden Partei, arbeiten 53 Prozent der Abgeordneten nebenher. In einer christlich „sozialen“ Partei sind es immerhin noch 46 Prozent und der Schwesterpartei 34%. Am seltensten passiert das bei einer Umweltpartei. Dort konzentrieren sich immerhin 85% der Abgeordneten ausschließlich auf ihre Hauptaufgabe. Noch. Aber wie so oft, werden auch diese Volksvertreter vom schnöden Mammon sehr bald gefangen werden. Hat doch eine Untersuchung einer renommierten Zeitung und der Transparenzinitiative „Abgeordnetenwatch“ ergeben, dass insgesamt 202 Abgeordnete nebenher arbeiten. Das entspricht 28 Prozent, Tendenz steigend. In der vorherigen Wahlperiode nur 22%.

„Die Verquickung zwischen Politik und Wirtschaft ist grundsätzlich ein Problem“, dies ist die Aussage der Abgeordnetenwatch-Sprecherin, dem Redaktions-Netzwerk Deutschland (RND) gegenüber. Unternehmen und Lobbyverbände verschaffen sich einen privilegierten Zugang zu Entscheidungsträgern, indem sie Abgeordnete bezahlen oder nach ihrer Zeit im Bundestag als Lobbyisten beschäftigen. Wir müssen endlich darüber diskutieren, ob Lobbyjobs von Abgeordneten und Seitenwechsel in die Wirtschaft nicht verboten gehören. Ähnliches gelte auch für hochrangige Mitarbeiter von Abgeordneten, die in Bereiche der Wirtschaft wechselten, die sie vorher politisch bearbeitet hatten. Auch eine Karenzzeit muss eingeführt werden.

Jeder Selbstständige muss seinen Brutto-Umsatz angeben.

Zu den Top-Verdienern im Bundestag gehört nominell ein Steuerberater und gleichzeitiger CSU-Abgeordnete. Er hat Einkünfte aus Mandaten in einer Gesamthöhe von mindestens 1.383.500 Euro p.A. angegeben. So viel wie kein anderer. Allerdings: Als Selbstständiger ist er verpflichtet, seinen bzw. den Bruttoumsatz seines Unternehmens anzugeben. Der Abgeordnete sagt, der meiste Umsatz werde durch seine Mitarbeiter erwirtschaftet. Aha. Eine unabhängige Mandatsausübung sei demnach garantiert, so der Politiker. Seine Nebentätigkeit steht auch nicht in unmittelbarer Verbindung mit seinem Bundestagsmandat. Mag auch so sein.

Zu den prominenteren Top-Verdienern im Bundestag gehört beispielsweise ein weiterer CSU-Politiker. Der ehemalige Verkehrsminister erhielt in seiner Legislaturperiode allein als „Strategieberater“ mehr als 300.000 Euro. Von wem, ist unklar. Nach den aktuellen Verhaltensregeln dürfte der Bundestagspräsident (CDU) von den Abgeordneten verlangen, wenigstens die Branche ihrer anonymisierten Vertragspartner offenzulegen, um mögliche Interessenkonflikte zu erkennen. Laut einer renommierten Zeitung passiert das bisher aber nicht. Die Sprecherin von Abgeordnetenwatch sagte folgendes: „Wenn Abgeordnete die Geldgeber von Millionensummen verschweigen können, ist das skandalös. Der Bundestag muss umgehend wirksame Transparenzpflichten beschließen.“ Nur eine Stimme ist viel zu wenig und kann überhört werden. Das Wählervolk ist gefordert. Aber das Volk ist dumm und viel zu träge. Das sage ICH...!!

Die regulären Bezüge der Abgeordneten betragen ca. 10.100 Euro brutto im Monat

Bei der Ex-Gesundheitsministerin von der SPD ist wenigstens die Branche bekannt. Sie erhielt in knapp zwei Jahren mindestens 120.000 Euro für ihren Verwaltungsratsposten bei einem Schweizer Pharmakonzern.

Der langjährige Unions-Fraktionschef aus der CDU ist als Berater einer Bergbaufirma aktiv – und erhält dafür eine monatliche Überweisung zwischen 3500 und 7000 Euro im Monat.

Die Bezüge als Abgeordneter in Höhe von 10.083 Euro (brutto) sind für einen Ex-Vizekanzler der SPD finanziell fast nur ein Zubrot: Seine „publizistische Tätigkeit" bei einem Verlag wird mit einem monatlichen Betrag zwischen 15.000 und 30.000 Euro vergütet. Ganz ordentlich, oder?

Ein FDP-Chef trat seit Anfang der Wahlperiode 50 Mal als bezahlter Vortragsredner auf. Sein Gesamthonorar: mindestens 311.500 Euro. Da kann nur ein Vertreter der Linkspartei annähernd mithalten. Er wurde 87 Mal gebucht und erhielt dafür mindestens 177.000 Euro. Auch für einen Politiker, dessen Partei doch gegen den Kapitalismus wettert, ganz ordentlich.

Nebeneinkünfte, das undurchsichtige Thema. Ein üppig bezahlter Zweitjob bei einer Vermögensberatung da und 75.000 Euro von einem Pharmakonzern dort. Jeder vierte Bundestagsabgeordnete verfügt über zusätzliche Einnahmequellen. Die Abgeordneten haben mindestens über 5 Millionen Euro während ihrer Legislaturperiode nebenher verdient. Wahrscheinlich etwas mehr. In vielen Fällen ergeben sich daraus potenzielle Interessenkonflikte. Um dies aber zu vermeiden, bekommen die Volksvertreter ihre Diäten. Ich empfehle einmal alles nachzulesen im Internet unter abgeordnetwatch.de. Sehr interessant, was sich so unsere gewählten Volksvertreter so in ihren gierigen Hals und ihre großen Taschen stopfen. Aber auch für diese Damen und Herren gilt: Das letzte Hemd hat keine Taschen und wie jeder normal Sterbliche gehen auch diese erlesenen Herrschaften irgendwann einmal den Weg jedes Erdenbürgers.

Nun die Frage der Besteuerung. Das steuerrechtliche System in der Bundesrepublik Deutschland unterscheidet in diesem Zusammenhang nicht, welche Personengruppen sich neben ihrer hauptberuflichen Tätigkeit finanziell etwas dazuverdienen. Alle werden gleichermaßen auf den Nebenverdienst überprüft und steuerrechtlich belangt. So weit die Theorie. Die Praxis aber macht die besondere Rolle unserer Politiker sehr deutlich. Seit dem Jahr 2007 herrscht die Stufenregelung vor. Nach hitzigen Debatten wurden die Stufen auf bis zu 250.000 Euro erweitert. Die Stufenregelung habe ich grob im Kapitel 4 beschrieben. Eigentlich greift unser für alle gültiges Steuersystem bei dieser Klientel nicht so, wie es sollte. Naja, wen interessiert es schon? Ich bin kein Steuerexperte und ich möchte sehr stark bezweifeln, ob sich so manche Profis und die Damen und Herren, die sich dieses Monstrum ausgedacht haben, selbst noch durchblicken. Jeder kann sich bestimmt noch an einen berühmten Satz erinnern. „Wir werden das Steuersystem so vereinfachen, dass man seine Steuererklärung auf einem Bierdeckel machen kann.“ Für unsere Volksvertreter mag das so sein, für „Normalbürger“ nicht. Dies gilt nicht nur für die Bundestagsabgeordneten, wir haben auch in der Bundesrepublik Deutschland noch 16 Bundesländer mit ihren aufgeblasenen Landesparlamenten, wenn Mallorca als 17. Bundesland nicht mitgezählt wird. Dieses Bundesland brauchen wir auch nicht, mit seinen asozialen und saufenden Touristen. Noch Fragen? Jedem wahlberechtigtem deutschen Bürger mit gutem Leumund steht es frei, sich in eines der Landesparlamente oder in den deutschen Bundestag wählen zu lassen, um all diese Annehmlichkeiten und Vorzüge zu bekommen. Man muss nur einer gewissen Lobby oder Partei angehören, gut Reden und sich gut verkaufen können und die Zukunft ist gesichert. Ich verurteile unsere Politiker nicht. Egal, ob sie in den kommunalen Parlamenten und Ausschüssen ihre Arbeit verrichten, die Landtagsabgeordneten für ihr Bundesland kämpfen und die Bundestagsabgeordneten des Deutschen Bundestages die Geschicke dieses Landes leiten und bestimmen. Man muss auch dazu berufen und geboren sein, diese Last auf sich zu nehmen. Sehr viele Bürger, die immer nur schimpfen und wie üblich in dieser Republik rumnörgeln, sind doch schon überfordert, wenn sie vor der Entscheidung stehen, wohin der Jahresurlaub gehen soll oder der Einkaufszettel geschrieben werden muss. Es ist nichts anderes, nur im viel, viel kleinerem Maßstab und ohne Bedeutung für die Allgemeinheit. Ein wenig Zurückhaltung und ein gesundes Augenmaß, das muss doch möglich sein. Haben die Volksvertreter kein Maß an Anstand und wer überprüft eigentlich die Erhöhung der Diäten des Deutschen Bundestages? Und nach welchen Kriterien richtet sich die prozentuale Diätenerhöhung der Abgeordneten? Bei einer Erhöhung von 3% steigen die Diäten bei einer monatlichen Abgeordnetendiät von 10.100 Euro auf 10.403 Euro, ein Plus von 303 Euro. Bei einem Bruttoverdienst von 3.000 Euro bei einem

Arbeitnehmer und einer 3% Erhöhung steigt der monatliche Verdienst auf 3.090 Euro, ein Plus von 90 Euro. Ganz zu schweigen von dem Hungersatz der Hartz4-Empfänger. Diese müssen für eine monatliche Erhöhung von 8 Euro noch ein Danke sagen. Diese Erhöhung der Hartz4-Sätze beträgt aber keine 3%, wenn wir einmal bei diesem Beispielsatz bleiben wollen, sondern die prozentuale Anhebung liegt bei 1,9%. Ich lasse die Rechnung so stehen, denn wer schon viel hat, der bekommt immer mehr dazu. Die Lebenshaltungskosten sind aber für alle Bürger gleich hoch. All diese Fragen werden niemals dem Bürger erläutert und begründet. Also immer schön abkassieren, lächeln und die Leute grüßen.

Kapitel 8
Unfähige Manager und ihre Nebeneinkünfte

Kann man eine inkompetente Führungskraft im Unternehmen leicht erkennen? Eine neue Studie des Harvard Business Review sagt: ja. Aber viele Unternehmen wollen das offenbar gar nicht. „Der Fisch stinkt vom Kopf." Das klingt natürlich etwas platt, wenn es um Führungsqualitäten geht. Doch im Sprichwort steckt viel Wahres. Denn häufig versagen Unternehmen nicht, weil ihre Mitarbeiter schlecht sind, sondern vielmehr, weil sie inkompetente Vorgesetzte haben. Schließlich sind es die Menschen in den Chefetagen, vom CEO (Chief Executive Officer oder Vorstandsvorsitzender) bis hinunter zum kleinen Abteilungsleiter, die die wichtigen Entscheidungen im Unternehmen treffen, die Unternehmenskultur vorleben oder zumindest sollten und dementsprechend für die Ergebnisse in einer Firma verantwortlich sind. Und sehr viele dieser Entscheidungsträger sind Personen, bei denen der Narzissmus krankhaft ausgeprägt ist. Sie können sich kaum oder nicht in andere Menschen hineinversetzen. In ihrer Welt dreht sich alles nur um sich selbst. Der Anspruch, immer im Recht zu sein und anderen Menschen überlegen zu sein, sind ebenfalls typisch für Narzissmus und einige von diesen „Flaschen in Nadelstreifen“. Viele dieser Bosse benötigen dringend psychologische Hilfe, um ihre Störung zu überwinden. Eine weitere Unternehmensführung muss unterbunden werden. Dafür sind die Anteilseigner verantwortlich.

Unter den Top Ten der bestbezahlten Managern Europas sind zwei deutsche Manager. Wer einen Konzern leitet, der hat finanziell ausgesorgt. Den CEO der größten europäischen Unternehmen winken Spitzengehälter und Boni im ein- bis zweistelligen Millionenbereich. Das zeigt ein Ranking einer Vergütungsberatung und deren Analyse. Während die CEOs der großen deutschen Automobilhersteller mit ihren Direktvergütungen und Boni in den Top 15 der STOXX-Unternehmen liegen, fallen die Vergütungspakete der DAX-CEOs mit durchschnittlich rund 6 Mio. Euro etwas geringer aus. So weit, so gut. Wir wollen auch nicht neidisch sein, diese Herren haben die ganze und schwere Verantwortung für viele Arbeitnehmer mit ihren Familien. Ganze Existenzen hängen an ihren Entscheidungen.

Die Wirtschaftsbosse in unserem Land. Dies ist ein Thema, über das sich endlos streiten und diskutieren lässt. Diese Damen und Herren in ihrem feinen Zwirn vergessen sehr oft, dass sie auch nur ganz gewöhnliche Menschen sind, die immer andere Menschen benötigen. Allein könnten sie nichts, aber auch gar nichts ausrichten. Ambitionierte Manager kurbeln die Wirtschaft an und lösen manchmal auch die Rezession aus. Die meisten Menschen in der Arbeitswelt müssen sich mit Fehlern abfinden und werden unter Umständen dafür bestraft. Nur die Manager bekommen dafür noch eine extra Abfindung. Häufig sind sie auch abgehoben, durch ihre Stellung und nach außen humorlose Zeitgenossen und, wie bei den Losen auf dem Jahrmarkt auch, sind sehr viele Nieten dabei. Es gibt einen Spruch, dass an den heiklen Stellen, zum Beispiel im Schiffbau, an den wichtigsten Stellen immer die größten Nieten sitzen. Leider und sehr oft zeigt es sich in der Wirtschaft. Unfähige, aber hoch bezahlte Topmanager setzen durch ihre Unfähigkeit die Arbeitsplätze der Menschen aufs Spiel, die ihnen ihre Millionengehälter und Provisionen garantieren. Wenn ein Manager und der Aufsichtsrat ihre Arbeit gut und zuverlässig ausführen und das Unternehmenswachstum voranbringen, dann ist gegen die gerechte Entlohnung überhaupt nichts einzuwenden. Aber die Gier nach Macht und Geld lässt bei manchen Managern das Hirn aufweichen. Da muss die Frage erlaubt sein, warum es keine Eignungsprüfung vor dem Antritt des Jobs gibt. Nebeneinkünfte für das Management. Warum? Jeder Arbeitnehmer ist dazu verpflichtet, seine volle Arbeitskraft dem

Unternehmen zu widmen, bei dem er oder sie angestellt sind und ihr Salär erhalten. Da gibt es auch kein „hier und da ein bisschen“. Man kann nur auf einer Hochzeit tanzen und das nur auf der eigenen. Wie oft wird in den Medien berichtet, dass sich Spitzenmanager verspekuliert haben und die Firma ein Fall für die Kassen der Allgemeinheit wird? Jeder private Haushalt muss für die Misswirtschaft selbst geradestehen. Wenn nötig, mit dem Privatvermögen. Was ist denn mit diesen Herrschaften? Es gibt doch die Möglichkeit einer in Rechnungstellung für den Schaden, den Gerichtsvollzieher und, wenn alles nichts nutzt, die Kontopfändung und Privatinsolvenz, bis alles bezahlt worden ist. Warum ist das alles nicht bei den Wirtschaftskapitänen möglich? Ein Beispiel ist der Dieselskandal. Dort wurde wissentlich manipuliert, betrogen und die Aktionäre und Kunden wurden um ihr Geld betrogen. Unmengen an Strafzahlungen mussten die Unternehmen begleichen. Wieso holt man sich die Kohle nicht von den verantwortlichen Herren und Betrüger im Designeranzug wieder? Nur ein leichtes Fingerklopfen und das war‘s. Die Provisionen und Gehälter laufen weiter. Wenn nötig, dann wird in ein anderes Unternehmen gewechselt, nur raus aus der Schusslinie. Wie in der Kirche und Politik, die Zeit heilt alle Wunden und die Öffentlichkeit vergisst sehr schnell. Eine Krähe hackt der anderen Krähe kein Auge aus. Die Gesellschaft schimpft und ist immer sehr empört, wenn so ein „Fauxpas“ passiert und öffentlich bekannt wird. Zeit heilt alle Wunden und der nächste „Skandal“ kommt wieder, die Nieten in Nadelstreifen machen weiter. Hier bei uns oder im Ausland. Gelobt sei die Globalisierung. Es gibt auch noch die Nebeneinkünfte, sei es als Aufsichtsratsmitglied in einem anderen Unternehmen oder als Berater … für irgendjemanden oder irgendetwas. Wer kontrolliert das schon? Hauptsache gutes Gehalt und Aktienanteile. Wenn die Bevölkerung in Deutschland nicht so satt und gleichgültig wäre, dann wäre diese Maßlosigkeit der Politiker, Manager und anderen öffentlichen Personen nicht möglich. Es gab einmal eine Zeit, so am Ende der 60er, da sind die Studenten, nicht der Ottonormalbürger mit seinem Spießervorgarten und beschränktem Intellekt, auf die Straße gegangen und haben maßgebliche Veränderungen bewirkt. Ein Umdenken in Wirtschaft und Politik fand darauf hin statt. Nicht aus Überzeugung, mehr aus Angst. Leider gab es da eine Gruppe, die wie so oft, das Recht auf brutale Art und Weise gebrochen hat.

Kapitel 9
Ämter, Bürokratie, Technik

Die Bundesrepublik Deutschland will ein fortschrittlicher und moderner Staat sein. Das ist aber nur Wunschdenken. Jeder Bürger, der einmal auf einem Amt einen Ausweis beantragt oder ein anderes Anliegen hat, der sollte gleich Urlaub nehmen und sehr gute Nerven haben. Eine schwerfällige und träge Bürokratie und die endlosen Formulare, mit denen die Ämter nicht fertig werden, sowie überforderte Bedienstete behindern die Abarbeitung. Es gibt Handwerkerbetriebe, die wegen all der Vorschriften und Listenführung nicht mehr zur Ausübung ihres eigentlichen Berufes kommen. Natürlich ist die übermäßige Bürokratie nicht ein rein deutsches Problem. Doch gerade in Deutschland vergeht kaum ein Unternehmertreffen oder eine Bürgersprechstunde, bei der nicht emotional über die Bürokratie seit Jahren geklagt wird. In Relation aber mit den anderen Industrieländern ist die deutsche Verwaltung noch erstaunlich effizient und gut. Die deutsche Bevölkerung ist zufrieden mit ihrer Verwaltung und deren dünner Personaldecke, im Vergleich mit den anderen Industriestaaten. Unzufriedene und „Mauler“ ist eine typische deutsche „Tugend“. Besonders die mittlere und besonders die ältere Generation sind die größten Nörgler. Diese Typen gibt es immer und sie sind eine Volkskrankheit. Aber ist es nicht möglich, im Zeitalter der digitalen Medien einige Bürgerdienste online anzubieten? Es laufen schon Testphasen und Projekte in dieser Richtung, aber wie immer viel zu spät. Der deutsche Staat hat es einfach verschlafen. Zuerst wird alles zerredet und diskutiert. Dann kommen die Oberschlauen aus ihren Löchern gekrochen, um ihren Senf dazuzugeben. Dann wird alles nochmals geprüft, um festzustellen, dass es so nicht geht und die technischen Voraussetzungen nicht gegeben sind. Natürlich schafft die Bürokratie auch Arbeitsplätze. Nur um die Formulare für Zolldeklarationen auszufüllen und sind sie noch so unwichtig, weil diese an das statische Bundesamt gehen, das bringt Arbeitsplätze. Rein der Statistik wegen und wieder Bürokratie ohne Ertrag für die Wirtschaft. Wenn ich nur einmal daran denke, wie lange es dauert, bis der so hochgelobte Breitbandausbau fertig ist. Katastrophe. Es wäre doch logisch, dass zuerst die öffentlichen Einrichtungen und die Ämter mit dieser schnellen Technik ausgestattet werden müssen. Nein, das Fernsehprogramm und das schnelle Internet muss für jeden verfügbar sein. Die Ämter plagen sich noch sehr mit langsamen und veraltetem Internet und Zubehör herum. So ist es in unserem hoch technisierten Land und so bleibt es. Ich erinnere nur an die Videokonferenz und den Streamingdienst unserer Kanzlerin mit ihren Berufskollegen während der Corona-Krise. Wie peinlich war das denn? Kein Ton, dann nur abgehackte Bilder und wenn überhaupt ein Ton wie aus der Blechdose. Die Leitungen waren dafür nicht geschaffen und überlastet.

Natürlich kann man nicht die ganze Technik von heute auf morgen auf den neuesten Stand bringen, aber ein wenig vorausschauende Planung in den Jahren zuvor, das hätte man als steuerzahlender Bürger verlangen können. Man betrachte doch nur unsere Infrastruktur und die Straßen. Eine einzige Katastrophe. Ein Schlagloch nach dem anderen, unzählige Baustellen, die nie fertig werden, und ein Bahnnetz, das dem Namen nicht gerecht wird. Das Straßennetz ist hoffnungslos überlastet und es wird nur geflickt. Planungen für einen Neubau sind unverhältnismäßig zeitaufwendig und behindern den Fortschritt. Wie lange wird schon über die Fehmarnbelt Brücke diskutiert. Unsere Nachbarn, die Dänen, wären schon lange fertig. Nur hier in Deutschland muss alles zerredet werden, weil vielleicht auf dem Meeresgrund eine besondere Alge ist. Haben die Dänen ein anderes Meer und keine Besonderheiten und keinen Sinn für Umweltschutz? Die Scheinheiligkeit der Deutschen ist schon lächerlich. Zum Thema Umweltschuld komme ich noch.

Ich wohne in Schleswig-Holstein, eigentlich ein herrliches Bundesland. Eigentlich. Die Straßen marode und voller Baustellen, die niemals fertig werden. Für ein Land, das jedes Jahr tausende Urlauber empfängt, ein Armutszeugnis. Schon allein der Tunnel unter dem Nord-Ostseekanal bei Rendsburg ist eine Lachnummer. Die Sanierung sollte laut Planung zwei bis drei Jahre andauern. Die Sanierung dauert mittlerweile elf Jahre. Und ist noch nicht abgeschlossen. Von der Kostenexplosion ganz zu schweigen. Geplante Sanierungskosten 25 Millionen Euro, mittlerweile belaufen sich die Kosten auf ca. 64 Millionen Euro. Bei der Planung für die Sanierung des Tunnels konnten bauliche Mängel noch nicht in dem Maße festgestellt werden, wie sie dann während der Sanierung auftraten. Macht ja nichts, der Steuerzahler bezahlt alles. Die Bauzeit für den ganzen Tunnel belief sich auf vier Jahre. Die eigentlichen Baukosten damals beliefen sich auf 60 Millionen DM (30 Mio. Euro) für den Tunnel unter dem Nord-Ostsee-Kanal. Vielleicht wäre ein Neubau schneller und günstiger gewesen, aber die Planung und der Bau müssten nicht von deutschen Firmen durchgeführt werden. Das zuständige Wasser- und Schifffahrtsamt ist unfähig, um solch ein Projekt durchzuführen und zu puschen. Um Ausreden für die Kostenexplosion und die Verzögerung ist diese Amt nicht verlegen. Die Zusatzkosten für die in der Region ansässigen Wirtschaft interessiert niemanden. Auch die Arbeitnehmer, die jeden Tag durch diesen Tunnel zur Arbeit und wieder nach Hause fahren müssen, die sind einer zeitraubenden und nervigen Tortur ausgesetzt. Es ist schon verwunderlich, dass bei einem für die in der ganzen Region ansässigen Industrie sehr wichtigen Projekt und Bauvorhaben, nicht die nötige Eile vorangetrieben wird. Wenn man an dieser Baustelle vorbeifährt, dann muss man leider feststellen, dass sehr wenige Arbeiter an dieser Baustelle sind. Es laufen nur vereinzelte Beschäftigte herum und die Baumaschinen stehen still. Es muss doch eine Zeit- und Terminvorgabe für die Fertigstellung geben. Es kann doch nicht angehen, dass auch bei auftretenden Schwierigkeiten und unvorhersehbaren Mehrarbeiten der Zeitplan bis zur Fertigstellung so aus dem Ruder läuft. Dies ist aber für dieses Land ein ganz normaler Vorgang.

Ein weiteres „Prestigeprojekt“, und es sollte der ganze Stolz sein, ist der Flughafen BER in der Bundeshauptstadt Berlin. Es ist nicht nachzuvollziehen, wie viele Steuergelder in diesen Flughafen geflossen sind. Vor allem weil in Berlin schon zwei Flughafen vorhanden sind. Andere Länder in

Asien stampfen einen riesigen Flughafen in kürzester Zeit aus dem Boden. Die Bürokratie aber in unserem Land hemmt alle Vorhaben und Projekte. Umweltschutz, Sicherheit und so weiter, all das kommt immer erst während der Bauphase auf. Kann das nicht im Vorfeld alles abgeklärt werden? Es sind doch während des Planfeststellungsverfahrens alle Eventualitäten angesprochen worden, oder etwa nicht? Auch hier können immer wieder Probleme aufkommen, aber in diesem Ausmaß? Der Steuerzahler bezahlt doch alles schön brav, nicht die verantwortlichen Damen und Herren. Mit dem Geld der anderen lässt es sich nun mal gut arbeiten, für das eigene Ego. Ich war lange Zeit in Dubai. Wenn wir mit unserem Unternehmen einen Auftrag erhalten haben, dann mussten die Kosten und ein Termin für die Fertigstellung des Projektes abgegeben werden. Und alles war dann nach der Unterschrift verbindlich. Es wurde keine Kostenexplosion und Zeitverzögerung von den verantwortlichen Auftraggebern akzeptiert. Eventuelle Probleme waren durch die Baufirma umgehend zu lösen und das zeitnah. Wenn nötig, dann war ein Arbeitstag 24 Stunden und an Schlaf war nicht zu denken. Arbeitspersonal war genügend vorhanden und wenn nötig, dann wurde Manpower kurzfristig aufgestockt, Ende. Die Konventionalstrafe für Verzögerungen und die Nichteinhaltung des Termins war sehr hoch und aus eigener Tasche zu bezahlen. Das würde auch in unserem Land einige Bauvorhaben und Projekte sehr beschleunigen, zum Wohle aller.

Ein weiteres leidiges Thema ist unser Mobilfunknetz und die Kosten. Warum ist unsere Netzabdeckung so schlecht? Und warum ist das Telefonieren mit dem Mobiltelefon so teuer? Es ist die schlechte Netzabdeckung und die Kosten in Deutschland sind am höchsten in ganz Europa. Warum? Selbst in den Baltischen Staaten ist das Mobilfunknetz besser. Gierige Mobilfunkanbieter und wenig Konkurrenzkampf machen das möglich. Abgezockt wird bei den Verbrauchern. Für ein hoch entwickeltes Industrieland absolut unwürdig und peinlich. Wie steht der deutsche Michl in der Welt da? Ich sehe es wie es ist, als eine Bananenrepublik! Nix mehr Dichter und Denker und von Innovationen keine Spur. Nur noch ein Volk von Schwätzern die nichts zustande bringen. Der Senat im frühen Rom hatte das gleich Problem und wohin das geführt hat, das ist uns aus den Geschichtsbüchern bekannt. Steht da in ferner Zukunft auch die Story über Deutschland beschrieben?

Kapitel 10
Energiewende, das Abbild einer unfähigen Politik

Wer war denn der erste „Umweltaktivist? Vor rund 200 Jahren hat ein gewisser Alexander von Humboldt schon auf die Umwelt und die Einflüsse der Menschen auf die Umwelt hingewiesen. Er hat sehr glaubhaft und besonnen versucht, dass die Umwelt schützenswert ist. Ganz ohne Protestaktionen wie heute üblich. Alle Spinner, die heute auf der Straße mit ihren lächerlichen Schildern und Trillerpfeifen herumgrölen und die Pseudoprotestaktionen für den Umweltschuld proklamieren, sind nur ein billiger Abklatsch dieses intelligenten Wissenschaftlers. Die dauerhafte Versorgung von Wirtschaft und Gesellschaft mit Energie wie Strom und Wärme aus nachhaltig nutzbaren, erneuerbaren oder regenerativen Quellen, der EEG, ist wichtig, kein Zweifel. Durch die Energiewende soll der Anteil der fossilen Energieträger wie Erdöl, Erdgas, Kohle und der Kernenergieanteil am Energiemix in Deutschland zugunsten der erneuerbaren Energien verringert werden. Zu den erneuerbaren Energien gehören insbesondere Energien aus Wind- und Wasserkraft (z. B. Windenergieanlagen, Wellen- und Strömungsenergie des Meeres), aus Erdwärme (Geothermie) der aus Sonnenstrahlung (Solarenergie) sowie aus nachwachsenden Rohstoffen bzw. Biomasse (z. B. Energie aus Holz, Pflanzenöl, Biogas). Die Energiewende baut auf die Steigerung der Energieeffizienz, eine Senkung des Energieverbrauchs und den weiteren Ausbau der erneuerbaren Energien, um die Nachfrage abzudecken. Das Ziel der Bundesregierung ist es, den Primärenergieverbrauch bis zum Jahr 2020 gegenüber 2008 um 20 Prozent zu senken und bis 2050 zu halbieren.

In Deutschland wurde im Juni 2011 von der Bundesregierung in Anbetracht der Nuklearkatastrophe im japanischen Atomkraftwerk Fukushima vom März 2011 ein stufenweiser Ausstieg aus der Atomenergie bis 2022 beschlossen und der Atomausstieg gesetzlich geregelt. Danach erlischt die Betriebsgenehmigung für ältere Kernkraftwerke; der komplette Ausstieg aus der Kernenergie soll bis zum Jahr 2022 stattfinden. Dies ist aber ein Wunschdenken, wie so oft und nicht durchdacht. Das Maßnahmenbündel zur Bewältigung der Energiewende umfasst die Ausschöpfung von Energieeinsparpotenzial in Wirtschaft und Gesellschaft (z.B. durch verbesserte Wärmedämmung von Gebäuden), die Verbesserung der Energieeffizienz und den sukzessiven Umbau der Energieversorgung von Wirtschaft und Gesellschaft aus regenerativen Energiequellen. Dazu soll etwa der

Anteil der Windenergie am Energiemix erhöht und das Stromnetz erneuert, ausgebaut und verbessert werden, um die an den Küsten oder auf See erzeugte elektrische Energie aus dem Norden zu den Verbrauchern im Süden zu transportieren. Der Anteil der Elektrofahrzeuge soll bis 2020 erhöht werden, um den Verbrauch fossiler Energie für den Individualverkehr zu reduzieren. Dem dient auch eine besondere Umweltprämie. Im mehrfach novellierten Erneuerbare Energien Gesetz (EEG) ist die bevorzugte Einspeisung von Strom aus erneuerbaren Energiequellen zu garantierten Vergütungen für die Erzeuger geregelt. Die dadurch entstehenden Zusatzkosten werden über die (EEG-Umlage) an die Stromkunden weitergegeben.

Dieses ernste Thema ist leider in unserem Land zu einer Lachnummer gemacht worden. Endlose Diskussionen der verschiedenen Interessenverbände und Parteien machen dieses so wichtige Thema kaputt. Deutschland ist eine Industrienation und wir alle benötigen viel Energie. Nur um Wählerstimmen zu fangen und sich zu profilieren wurden die guten und sicheren Kernkraftwerke von heute auf morgen abgeschaltet, ohne Sinn und Verstand. Die schöne Landschaft wurde mit zahlreichen Windrädern verschandelt. Als ich nach Norddeutschland gezogen bin, da wurde ich mit einem Autobahnschild begrüßt auf dem stand: „Land der Horizonte“. Und genau das war es auch … endlose Weite und Horizonte, ohne diese Spargellandschaft. Wie naiv und planlos diese Windräder aus dem Boden gestampft wurden, zeigte sich erst, als die Windräder ihren Betrieb aufgenommen hatten und ihre Leistungsfähigkeit unter Beweis stellten. Viel Leistung, die aber nicht abgenommen werden konnte. Wie blöd waren die Politiker und die Verantwortlichen für die Energiewende? Da hat sich die ganze Unfähigkeit dieses Personenkreises gezeigt. Die Leitungen waren nicht für die große Strommenge ausgelegt. Also mussten sich die Räder drehen und der gelieferte Strom wurde nutzlos verbraucht, zum Eigenantrieb. Aber der Verbraucher muss die höchsten Energiepreise in Europa bezahlen, um das reine Gewissen der Parteien zu finanzieren. Die Kraftwerke wurden im Anfall geistiger Umnachtung abgeschaltet und nun muss die Bundesrepublik Deutschland den Strom aus dem Ausland dazukaufen. Von genau den Kraftwerken, die wir abgeschaltet haben. Überall um uns herum werden die neuen Kraftwerke, mit Kohleverbrennung und Atomkraftwerke, betrieben und neu gebaut. Es ist richtig, dass die Emissionswerte der Kohlekraftwerke schlecht für die Umwelt sind. Aber machen der Kohlestaub und die CO_2-Abgase Halt an unseren Grenzen? Ich denke, nicht. Dann bekommen wir alles aus dem Ausland in unsere Luft geblasen … und bezahlen auch noch dafür. Die ganzen Spinner, die sich gefreut haben, dass wir unsere Kraftwerke abgeschaltet haben, das sind nun diejenigen die am meisten über die Strompreise schimpfen und sich beschweren, oder lassen sich alles von der Gesellschaft und den Eltern bezahlen. Scheinheilige Gesellschaft ohne Sinn und Verstand. Und die „Ökopartien“ mit ihrem Sinn für Wählerstimmenfang sind die schlimmsten Heuchler. Wie die Kirche predigen sie Wasser trinken und saufen selbst Wein. Gerade die Politiker, die so umweltfanatisch sind, fahren die dicksten Limousinen als Dienstwagen oder fliegen hin und her. Nach wie vor ist Bonn die Bundesstadt mit sechs Bundesministerien und hat ihren Hauptsitz. Das Bundesverteidigungsministerium, das Ministerium für Ernährung und Landwirtschaft, das Bundesministerium für wirtschaftliche Zusammenarbeit und Entwicklung und nun der Hohn. Das Bundesministerium für Umwelt, Naturschutz und nukleare Sicherheit. Es kann sein, dass unsere Volksvertreter am Vormittag zu einer Sitzung oder Debatte nach Berlin müssen, am Nachmittag aber wieder in ihrem Bonner Ministerium sind. Diese Strecke fahren gerade die Umweltheuchler nicht mit dem Fahrrad, sondern sie fliegen oder vielleicht, wenn es die Verbindung zulässt, mit der Deutschen Bundesbahn. Wieso zwei Orte für die Ministerien? Es ist eine reine Steuerverschwendung und Geldverbrennung, dieses Ministerium in Bonn zu unterhalten. Unsere Bundeshauptstadt ist Berlin. Aber über unsere Politiker und den aufgeblasenen Bundestag für diese kleine Land habe ich schon in einem vorherigen Kapitel geschrieben.

Durch die Energiewende soll der Anteil der fossilen Energieträger wie Erdöl, Erdgas, Kohle und der Kernenergie in Deutschland zugunsten der erneuerbaren Energien ersetzt werden. Energiegewinnung durch Solarenergie, Wasserkraft und, wie bereits erwähnt, den Windstrom. Hat sich schon einmal jemand die riesigen Anlagen zur Gewinnung von Sonnenenergie angesehen? Wie viel Raum und Platz diese Anlagen verbrauchen? Unsere Flüsse werden aufgestaut und Wasserkraftwerke gebaut. Die Flora und Fauna wird zerstört oder zumindest nachhaltig beeinträchtigt. Aber wen interessiert das schon, alles unter dem Deckmantel des Umweltschutzes und der emissionsfreien Energiegewinnung? Ein weiterer Energiegewinner ist die Biogasanlage. Auch hier ragen vielerorts die Kuppeln aus der Landschaft, nur um Unmengen an Mais zu lagern. Um diese Anlagen zu „füttern“, muss die Landwirtschaft immer mehr von diesem Getreide anbauen und das kostet ebenfalls Energie und frisst Land und muss gedüngt werden. All diese Anlagen, Wind, Wasser, Solar und Biogas, werden staatlich gefördert, also vom Steuerzahler getragen. Und das Volk jubelt über die Energiewende. Unsere europäischen Nachbarländer scheren sich einen Scheiß um unsere Energiewende. Nur der deutsche Michel will wie so oft, der „Gutmensch" sein. Wir sind doch nicht allein auf der Welt.

Eine absolute Schweinerei ist das illegale Fällen von Bäumen, welchen den möglichen Windkraftanlagen im Weg stehen könnten. Nicht nur der Verlust der wichtigen alten Bäume ist schmerzlich, sondern viel ätzender ist das Vergiften der Greifvögel, die ihre Nester auf diesen Bäumen bauen. Es werden besonders in Norddeutschland, Schleswig-Holstein, viele Giftköder ausgelegt. Es ist schwer, diese Schweine zu fassen, und wenn es einmal gelingen sollte, dann sind die Strafen für dieses Vergehen nicht hoch genug. Diese Windräder zerstören mehr, als sie Nutzen bringen.

Die Energiewende ist ein deutschsprachiger und neuer Begriff für den Übergang in ein neues Energiezeitalter. So weit, so gut. Deutschland wollte schon vor längerer Zeit einmal im Alleingang die Welt verändern, dies ging bekanntermaßen mächtig in die Hose. Nur mit unseren europäischen Partnern kann die Energiewende geschafft werden. Dass wir den russischen Bären im Osten dazu bewegen können, mag bezweifelt werden. Vom den „Amerika First“ polternden Übersee-Proleten ganz zu schweigen. Dieser Staatenbund wird es erst begreifen müssen, wenn ihre Städte abgesoffen sind. Denn es gibt die Erderwärmung. Ob es den Herren im Weißen Haus passt oder nicht. Die Zeit läuft ab und ihre Superhelden aus den Hollywoodfilmen werden dann auch nicht mehr helfen können. Ergo, es bleibt wohl an uns, besser gesagt an den Europäern hängen, den Anfang zu machen. Das Riesenreich ganz im Osten lassen wir mal aus dem Spiel. Die überziehen gerade die Welt mit ihren Viren.

Auch die Zukunft der alten Photovoltaikanlagen ist ungewiss. In den Büros der zuständigen Ämter stapeln sich die Anfragen von verunsicherten Privatpersonen, die nicht wissen, wie es mit ihrer Solaranlage nach 20 Jahren Förderung weitergehen soll. Dabei gehe es nicht um die Vergütung, sondern um die Frage, ob sie weiterhin ihren Photovoltaik-Strom ins öffentliche Netz einspeisen dürften, gerade auch, wenn der private Stromspeicher voll ist. Im Moment wäre eine wilde Einspeisung nach Auslaufen der EEG-Förderung eine Straftat. Was für ein Irrsinn. Auch der Neubau von Photovoltaik-Anlagen steht unter ungewissen

Vorzeichen. Grund ist der Förderungsdeckel. Er greift, sobald Photovoltaik-Anlagen mit 52 Gigawatt (GW) installiert sind. Das dürfte schon in wenigen Wochen der Fall sein. Es besteht in der Großen Koalition weitgehend Einigkeit darüber, den Deckel abzuschaffen. Das Thema ist jedoch mit allen anderen Fragen rund um den Erneuerbaren-Ausbau, also etwa mit der Abstandsregelung für Windräder, eng verflochten. Das Resümee anlässlich des EEG-Geburtstages fällt entsprechend kritisch aus. Der Ausbau der erneuerbaren Energien sei „massiv eingebrochen und droht zu versiegen“, so ein Experte. Im letzten Jahr seien so wenig Windenergieanlagen an Land neu installiert worden wie noch nie seit dem Inkrafttreten des EEG. Nicht nur die Politik ist schuld an dem schleppenden Ausbau der Windenergie. Der Bürger und die Ökoparteien und Organisationen, die laut nach einer Energiewende auf der Straße geschrien haben und die Abschaltung der Kraftwerke forderten, genau diese Fantasten verhindern den Ausbau. Niemand, besonders die Atomkraftgegner und die Kohlekraftwerksgegner möchten die Windkraftanlagen in der Nähe des eigenen Hauses mit den kleinen spießigen Vorgärtchen haben. Oder die Ökoparteien regen sich auf, wenn diese Windräder in der Nähe von Naturschutzgebieten stehen. Was für ein Irrsinn. Wohin sollen diese Dinger denn sonst gesetzt werden? Wir sind ein Industriestaat und benötigen sehr viel Energie. Aber das ist typisch deutsch. Erst gegen alles sein, dann unbedacht handeln und dann kommt das böse Erwachen und das lange blöde Gesicht. Nicht das wir uns falsch verstehen, oder mir die Kommentare wieder einmal aus dem Zusammenhang gerissen und negativ ausgelegt werden. Der Schutz unserer Umwelt ist die größte Herausvordung für uns Menschen. Sie muss von allen Staaten und deren Bürgern gemeistert werden. Unser Land ist viel zu klein und mit der Bürokratie zu schwach, alles alleine zu stemmen. Da sind unsere Politiker gefordert, um ihren Teil beizutragen und den Prozess anzustoßen. Dazu ist aber die Einigkeit sehr von Bedeutung!

Kapitel 11
E-Autos, eine Lachnummer

Die kleine Geschichte ist so frei erfunden, könnte sich aber genauso zugetragen haben
Ich habe eine Frau, zwei Kinder, einen Hund – und seit Kurzem auch ein Familien-Elektroauto. Einen koreanischen Elektro-SUV, man gönnt sich ja sonst nichts. Es gibt auch noch andere Anbieter, aber wir haben uns für einen Koreaner entschieden, aus Kostengründen. Wir sind dann Anfang Juli in unserem ersten E-Auto-Urlaub aufgebrochen. In Frankreich erlebten wir allerdings unser blaues Wunder. Für mich als stolzen E-Fahrer, habe ich meine elektrische Tour de France in einem Tagebuch zusammengefasst. Ich wollte meinen Freunden und Bekannten alles in einer Urlaubserzählung und einem Grillfest mitteilen.

Unser Frankreich-Urlaub sollte ein Befreiungsschlag nach Monaten der Corona bedingten Quarantäne-Maßnahmen sein. Die Kinder sollten wieder auf andere Gedanken kommen und meine Frau wollte ihre Familie wiedersehen, die über Zentral-Frankreich verstreut wohnt. Ein kurzer Aufenthalt am Meer sollte unsere Tour versüßen. Unerwartet wurde das von uns bestellte Elektroauto bereits vor dem Beginn unserer Reise Anfang August 2019 geliefert, sodass wir die Reise auch gleich als Test für die Langstreckentauglichkeit eines E-Autos nutzen konnten. So viel vorweg: Die Tour verlief durchwachsen. Wir hatten uns vor der Reise bereits im Internet über die verschiedenen Anbieter und Netze von Ladesäulen informiert, dabei fiel uns der Anbieter „Lademap“ als übergreifende Zahlungsmöglichkeit und mit einer opulenten Anbieterübersicht auf, wir bestellten also die angebotene Abrechnungskarte und verließen uns auf die präsentierte Kompetenz von „Lademap“. Auf der ersten Etappe von Straßburg nach Vichy wurden wir auch gleich mit dem Einfluss von Geschwindigkeit auf die Reichweite konfrontiert. Meine Frau passierte die Autobahn nach Süden mit durchgehend 130-140 km/h, die anfänglich ausgewiesene Reichweite von 420 km schmolz auf 260 km zusammen. Das zwang uns, die Autobahn zu verlassen und in einem kleinen Dorf an einer 11-kW-Ladesäule zwischenzuladen, um dann die Schnellladesäule von „Watty“ auf der Autobahn zu erreichen. Nachdem wir dort sehr flott in etwa einer Stunde die Batterie vollladen, kamen wir ohne Probleme an unser Ziel Vichy. Wie weit komme ich mit einem Elektroauto? Diese Frage stellen sich sicher sehr viele, die ein Elektroauto kaufen oder leasen möchten. Es gibt einen Anbieter, der zeigt, wie weit Sie mit einem Elektroauto, Hybrid oder Plug-in-Hybrid rein elektrisch fahren können. Die Ladekarte funktionierte längst nicht mit allen Ladesäulen. Unsere Kreditkarten konnten wir vergessen, denn die Ladestationen akzeptierten keine Kreditkarten. In Vichy probierte ich zunächst erfolglos, neben einem großen und renommierten Elektroauto-Anbieter mein Auto zu laden, es stellte sich dabei heraus, dass nicht alle Ladesäulen alle Autos gleichzeitig laden können, sondern diese Ladesäule immer nur je ein Auto aufladen kann. Das ist in der Urlaubszeit sehr unpraktisch. Denn auch die Franzosen hatten mittlerweile Elektroautos und machten Urlaub. Nachdem ich diese Lektion gelernt hatte, füllte die Säule die Batterie flott, nach stundenlangem Warten an der Säule! Auch das Laden an einer normalen Steckdose (direkt am Zählerkasten) funktionierte anstandslos, wenn auch deutlich langsamer. So konnten wir unsere Reise ans Meer fortsetzen. Bis zu einem kleinem Ort, irgendwo in Frankreich, wo wir bei sehr netten Gasteltern übernachteten. Da wir diesen Gasteltern nicht zu große Umstände bereiten wollten und die Batterie noch etwas gefüllt war, luden wir nicht nach und planten stattdessen einen Stopp an der Schnellladesäule in einer französischen Großstadt. Wir erreichten sie am folgenden Tag bei ca. 40°C Außentemperatur und starker Sonne. Sie wird von der Firma einer bekannten Firma in Frankreich betrieben. Hier stellte sich heraus, dass die „Lademap“-Karte doch gar nicht so übergreifend zum Bezahlen eingesetzt werden kann – an keiner Ladestation von dieser Firma, dessen Karte ich gekauft hatte. Unser brandneues Elektroauto sollte auf einer Urlaubsreise nach Frankreich getestet und eingeweiht werden. Etwas unwohl war uns schon, denn mit so einem neuen Fahrzeug hatten wir keinerlei Erfahrung! Erste kleine Unregelmäßigkeiten kamen auf, waren aber noch zu bewältigen.

Ein Mitarbeiter der Firma dessen Ladekarte ich besaß, verriet uns am Telefon, dass dieses Problem schon seit Längerem bekannt sei und gab uns den Tipp, eine andere App zum Laden zu benutzen, mit der es uns dann möglich war, die Ladesäule in Funktion zu setzen. Wegen der großen Hitze suchten wir uns abseits der Ladesäule ein gemütliches Café, in dem wir die vorgegebene Stunde Wartezeit
it zum Aufladen verbringen wollten. Als wir nach Ablauf der Zeit zum Auto zurückkehrten, mussten wir feststellen, dass die Ladesäule nur einen kleinen Teil der Batterie aufgeladen hatte. Wir haben den Ladevorgang umgehend abgebrochen. Uns wurde aber jedoch die gesamte Zeit am Ladekabel berechnet, aber ein Ladevorgang fand nicht mehr statt. Das war der weitere Aufreger dieses Tages, an den sich noch etliche anschließen sollten. Für

Verbrenner-Fahrer ist diese Strecke ein Katzensprung. Nachdem dieser Ladevorgang also schiefgelaufen war, versuchten wir, eine andere Schnellladesäule in einer anderen Stadt zu erreichen, die auf „Lademap“ als frei und funktionsfähig markiert war. Nachdem wir diese Säule mit Hängen und Würgen und der letzten Ladung erreichten, trafen wir dort ein einen anderen Elektroautofahrer, einen sehr empörten E-Auto-Fahrer, der uns darüber in Kenntnis setzte, dass die Säule ähnlich funktionierte wie die in der Großstadt zuvor und dass die Telefonhotline des Anbieters der Ladekarte an einem Sonntag keine Hilfestellung leisten konnte oder wollte. Natürlich war unser Ladeversuch nicht erfolgreich. Uns gingen langsam die Optionen aus. Wir probierten nun zwei Ladestationen im Stadtgebiet, die deutlich
sein sollten. Man darf nicht vergessen, dass unser Ziel an diesem Tag ein kleines Dorf im Medoc am Ufer der Gironde war. Das waren noch rund 100 km Fahrt, aus Sicht eines Verbrenner-Fahrers ein Katzensprung. Diese Ambition war der Grund für unsere zunehmende Unruhe angesichts der immer leereren Batterie. Die beiden Ladestationen in dieser Stadt funktionierten beide gleich – nämlich gar nicht. Die Batterie wurde während des Ladevorgangs auch sehr heiß und eine Sicherung hat alles abgeschaltet, solange bis die Batterie wieder

auf Normaltemperatur war. Die Werkstadt erwähnte, dass es an den sehr hohen Außentemperaturen liegen könnte und sei völlig normal. Nun konnte ich mich mit der erwähnten App anmelden, dann begannen sie den Ladevorgang und brachen diesen unvermittelt nach etwa einer Minute ab. Eine Minute!! Wir hatten also ein komplettes, funktionsunfähiges Ladenetz an einem Sonntagnachmittag, was nützt das denn? An einem Sonntag waren auch die Autohäuser unseres Elektromobilherstellers geschlossen, die vielleicht unabhängig von der Firma unserer Ladekarte unser Auto hätten aufladen können. Jetzt war guter Rat teuer. Dann bleibt nur das Abschleppen. Die rettende Idee hatte meine Frau, wir wandten uns an die Hotline des E-Autohersteller. Dort wollte eine engagierte Mitarbeiterin uns zu weiteren Ladestationen schicken, um dort zu laden. Wir verneinten, da wir unsere Erfahrungen mit dem Netz ja schon gemacht hatten. Blieb nur das Abschleppen des Autos und so fanden wir uns nach zwei Wartestunden im Auto auf der Ladefläche des Abschleppwagens wieder, der unseren Wagen in der Halle der Abschleppfirma über Nacht zwischenlagern und dann kommenden Montag bei einem Autohaus (die wohl alle eine eigene Ladestation haben) zum Aufladen abliefern sollte. Also gaben wir dem Abschleppfahrer den Autoschlüssel, auf dass er den Wagen in die Lagerhalle führe. Uns hatte die Assistance ein Taxi in unser Ferienhaus bestellt. Wir nahmen aus unserem Auto nur das Allernötigste mit, da wir den Wagen ja am kommenden Tag zurückbekommen sollten. Ich muss noch erwähnen, dass ich einen Termin zur Dialyse hatte, den konnte ich auch nicht wahrnehmen, denn ohne Auto und eine Busverbindung war es nicht möglich. Ein Taxi war ebenfalls nicht so schnell aufzutreiben. Also keine Dialyse! Von da an war es uns klar, die Kiste musste wieder weg! Mit dem Elektroauto von München nach Hamburg zu fahren stellt sich die Frage: „Warum macht das nur mit einer sehr teuren Limousine des Marktführers aus den USA Spaß?“ Im März holte der Chef dieser Firma sein Model mit Langstrecken-Akku und Allrad-Antrieb in München ab. Auf seine große Ausfahrt musste eben dieser Herr allerdings noch warten, denn ...? Warum, das kann ich nicht sagen.

Dann muss bei meinem E-Autohersteller etwas fürchterlich schiefgelaufen sein. Als wir dann länger nichts von unserem Auto gehört hatten und am Nachmittag anriefen, gelangten wir an einen anderen Mitarbeiter. Der versicherte uns, er hätte sämtliche Werkstätten angerufen und alle hätten ihm abgesagt, der früheste Termin für die Fertigstellung des Autos wäre Ende September. Also Wochen NACH unserer Heimreise. Unseren Hinweis, es ginge doch nur um einen Ladevorgang, überhörte er oder nahm ihn nicht zur Kenntnis. Er würde weiter nach einer Lösung für uns suchen und sich dann melden, beschied er uns. Wir saßen in einem kleinen Dorf, inmitten malerischer Weinberge, ohne öffentlichen Nahverkehr. Einer Region, in der man nur mit einem Auto mobil sein kann. Ohne Auto und ohne unser Gepäck und Annehmlichkeiten. Eine groteske Situation. Ein Auto-Urlaub – ohne Auto. Unser Vermieter, ein Elektriker, bot uns schließlich Hilfe an, er wollte bei sich daheim den Wagen an einer normalen Steckdose aufladen. Also veranlassten wir bei unserem Autohersteller und der Werkstatt, dass der Wagen von der Abschleppfirma direkt an unseren Urlaubsort gebracht wird, das sei jedoch nicht vor Mittwochvormittag möglich. Am Donnerstag wollten wir schon wieder abreisen. Dieser Termin wurde von der engagierten Mitarbeiterin der Abschleppfirma beim anschließenden Telefonat gleich wieder kassiert, es ginge frühestens Mittwochnachmittag. Basta. Am Dienstag warteten wir stundenlang im Ferien-Haus. Draußen waren es 38°C. Da war der Weinberg kein gutes Ausflugsziel, besonders für Kinder nicht. Dann kam uns eine Idee: Wir fragten bei der Abschleppfirma nach, ob sie den Wagen bis zum Transport in der Abschleppfirma an der Steckdose laden könnten. Das entsprechende Kabel befand sich im Auto. Eine Mitarbeiterin der Abschleppfirma sicherte uns zu, diese Möglichkeit zu prüfen und wenn möglich umgehend das Auto anzuschließen. Keine zwei Stunden später rief die Dame zurück. Ja, man bemühe sich, diese Frage zu klären, aber es sei ihr schrecklich peinlich und komme sonst nie vor, man suche aber nun nach unserem Wagenschlüssel, der offensichtlich verloren gegangen sei. Gott sei Dank hatten wir den Zweitschlüssel dabei. Ein Mitarbeiter der Abschleppfirma holte den Zweitschlüssel ab und musste uns hoch und heilig versprechen, diesen Schlüssel wie seinen Augapfel zu hüten.

Am Abend gewitterte es vor der Tür und wir hofften, dass es auch für unseren Fall eine reinigende Wirkung entfalten würde. Der Werkstattleiter muss uns für unzurechnungsfähig gehalten haben. Am Mittwochmittag hörten wir wieder von der Abschleppfirma. Der Schlüssel war sicher angekommen, man hätte jetzt an mehreren Ladestationen versucht, den Wagen aufzuladen, was bei allen Stationen nicht gelungen sei. Die Dame am Telefon befürchtete einen Defekt am Wagen, darum hätte sie kurzfristig bei einer Herstellerwerkstatt in der Nähe einen Termin zum Prüfen und Aufladen des Wagens vereinbart. Wir erinnern uns: ein Service, der beim Hersteller und der dazugehörigen Assistance in Tagen nicht gelungen war. Der Wagen sei auf dem Weg in diese Werkstatt. Als wir am Nachmittag in der Werkstatt bange anriefen und uns nach dem Zustand des Wagens erkundigten, muss uns der Werkstattleiter für unzurechnungsfähig gehalten haben, denn der Wagen war quietschgesund und lud munter an der werkstatteigenen Ladesäule. Nach diesem Höllentrip, den Zusatzkosten, den verlorenen Urlaubstagen sind wir mit der Bahn wieder nach Hause gefahren. Unser E-Auto wurde Wochen später mit einer Spedition nach Hause geliefert und sogleich verkauft. Es lebe der Verbrenner.

Dies ist ein Erlebnis eines gequälten E-Automobilfahrers. Jetzt werden einige Verfechter dieser Spielzeuge sagen, naja, das war ein Einzelfall und auch noch in Frankreich. Nein, war es nicht. Ich kenne E-Autofahrer, die bei weiteren Fahrstrecken ähnliche Erfahrungen machten. Und einmal ehrlich, wer möchte sich das antun? Nun rollen diese Spielzeuge auf unseren Straßen. Die E-Autos, Roller und Fahrräder. Die E Bikes finde ich sehr gut, denn es ist eine Unterstützung bei Fahrradfahren. Was die E-Autos anbelangt, das ist wie so oft in diesem Lande, eine nicht ausgedachte Angelegenheit. Zu wenige Ladestellen, wenig

Reichweite und diese Fahrzeuge sind leicht zu überhören, sehr gefährlich. Den Verbrauchern wird ein „reines Umweltgewissen" suggeriert, wenn ein E-Auto angeschafft und gefahren wird. Die staatliche Förderung ist enorm, um ein solches Spielzeug zu kaufen. Wer ein batteriebetriebenes E-Auto fährt, produziert im Verkehr keine Emissionen und fördert den Umweltgedanken und schützt die Umwelt. So weit, so gut. Aber hat sich schon einmal über die Herstellung der Batterien die nötigen Gedanken gemacht und wie viel Energie und Material für eine Autobatterie verbraucht wird? Bei der Herstellung der Batterie kann ein wesentlich höherer Ausstoß an CO_2 gerechnet werden. Eine genaue Bilanz kann nicht erstellt werden oder ist nicht gewollt. Eine Studie besagt, dass die Herstellung einer einzigen Batterie für ein E-Auto mit einer Leistung von 100 kWh zwischen 15 und 20 Tonnen CO_2 Emissionen verursacht. Bis dahin ist das Auto noch keinen einzigen Kilometer gefahren. Eine weitere unabhängige Studie aus Schweden besagt, dass ein E-Fahrzeug ganze 100.000 Kilometer bzw. 8 Jahre komplett emissionsfrei gefahren werden müsste, bevor es umweltfreundlicher unterwegs sei als eine durchschnittliches Dieselfahrzeug. Die Ökobilanz für fossile Kraftstoffe wurde in den letzten Jahren stark verbessert. Dies ist das Resultat der Erhöhung an Biokraftstoff von ca. 18 Prozent für Diesel und Benzinkraftstoffe. Dass ein E-Fahrzeug umweltfreundlicher ist als ein Verbrenner, das ist unbestritten, aber man sollte den Umweltvergleich etwas genauer betrachten. Wie heißt es so schön? Von der Wiege bis zur Bahre. Also alles, von der Herstellung des kompletten E-Autos, dem Ladevorgang und der nötigen Stromgewinnung und der Entsorgung des E-Autos. Im Vergleich zum Diesel und Verbrenner. Wer ist einmal durch unsere Republik Deutschland von Nord nach Süd mit einem E-Auto gefahren? Zum Beispiel nur auf der BAB 7 oder besser bekannt als A7. Die Gesamtlänge beträgt 960 km. Rechnet man nun mit einer durchschnittlichen Fahrstrecke von 300 Kilometer Reichweite für die Fahrt mit einem E-Auto, müsste rein theoretisch 3,5-mal das Auto an eine Ladestation. Dieser Wert gilt aber nur, wenn keine Klimaanlage, kein Radio und sonstige Stromabnehmer verwendet werden. Gehen wir einmal davon aus, dass aus Umweltschutzgründen alles nicht nötig ist, dann sollte man sehr viel Zeit für die Reise einplanen. Denn das Betanken eines Verbrenners dauert nur wenige Minuten, das vollständige Aufladen des E-Fahrzeugs aber nimmt Stunden in Anspruch. Von der Suche nach einer Ladestelle abgesehen. Hat jemals jemand darüber nachgedacht, wie es mit einer Verwendung eines

Wohnwagens in Kombination einem E-Auto als Zugfahrzeug aussieht? Ich könnte mir denken, dass mit einem Wohnanhänger und der Last, die Batterie sehr schnell schlapp macht. Alltagstauglich ist so eine Anschaffung, egal, wie hoch die staatliche Förderung ist, wohl nicht. Für den Stadtverkehr und Kurzstrecken ist ein E-Mobil sehr gut. Wie so vieles in der Energiewende ist alles sehr panisch wenig durchdacht. Selbst ein Aufladen an der heimischen Steckdose kostet sehr viel Geld, bei unseren deutschen Strompreisen. Ökostromabgabe. Ich für meinen Teil kann sagen, dass wir leider nur einen geringen Anteil an Ökostrom beziehen, zahlen aber die vollen Ökostromabgabe. Vielen Dank an die Ökofreaks und die Partei. Und wie verhält sich ein E-Auto bei einem Unfall? Was passiert mit der Batterie und kann diese Feuer fangen oder sogar explodieren? Wenn eine Batterie im Feuer liegt, dann ist dieses Szenario durchaus möglich. Sind spezielle Feuerlöscher an Bord und werden die Käufer ausreichend informiert? Wie sich die Entwicklung und der Umstieg von Verbrenner auf die Elekromobilitätsspielzeuge noch entwickelt, das vermag niemand sagen. Nur das Wunschdenken unserer Politiker, besonders unsere senile Kanzlerin mit ihrem Kabinett, befeuert diese irrsinnigen Mobilitätspläne. Und bei diesen hohen Strompreisen in Deutschland, rechnet sich eine Anschaffung eines Elektroautos nicht. Schon seit der Jahrtausendwende haben sich die Kosten für eine Kilowattstunde hierzulande im Schnitt verdoppelt. Davon entfallen zwei drittel auf die staatlichen Abgaben. Es locken stattliche Zuschüsse für die Anschaffung eines Elektromobils und die Abwrackprämien für Verbrenner. Alles nur Bauernfängerei! Mittlerweile sind die fossilen Brennstoffe wesentlich günstiger als die Elektrizität. Kaufzuschüsse und der Verzicht auf die Kfz-Steuer kosten den Staat Milliarden…und letztendlich wieder den Steuerzahler. Dies zeigt doch den Realitätsverlust unserer Regierung und den ganzen Politikern. Nach den aktuellen Berechnungen verbraucht ein Dieselfahrzeug in der Mittelklasse mit 150 PS rund 5 Liter auf 100 Kilometer. Bei einem durchschnittlichen Literpreis von 1,06 Euro liegen die Kosten damit bei 5,30 Euro. Ein Elektrofahrzeug mit 17,3 kWh verbraucht für dieselbe Entfernung bei einem Strompreis von 32,1 Cent dagegen schon auf 5,55 Euro. Auf die Jahre gerechnet ist alles nur ein riesengroßer „Kurzschluss“. Und genau diesen Kurzschluss haben unsere verantwortlichen Politiker! Interessant wäre es zu erfahren, wie viele Elektrostaatskarossen unsere Politiker in ihrem Fuhrpark stehen haben. Das Volk kann mit den kleinen Spielzeugen fahren und die Damen und Herren sitzen fett in den Spritfressern. Auch die Medien lobpreisen die immer neuen PS Boliden der Premiumhersteller. Breiter, schwerer, schneller!

Kapitel 12
Straßenrennen

Ein illegales Straßenrennen (in der Szene Streetracing genannt) ist ein im öffentlichen Straßenverkehr durchgeführtes Motorrad- oder Autorennen.

Illegale Straßenrennen gefährden die übrigen Verkehrsteilnehmer und die Teilnehmer an diesen Wettfahrten selbst. Die Rennen werden daher allgemein als eine Form von Verkehrs-Rowdytum angesehen und daher in der Regel vom Gesetzgeber untersagt. Die Teilnahme an einem solchen Rennen wird je nach Staat empfindlich bestraft … so sollte und MUSS es sein. In der Theorie.

Im März 2001 wurde in der Kölner Innenstadt der Sohn des damaligen Kölner Oberbürgermeisters getötet. Er befand sich mitten in einer an einer roten Ampel wartenden Fußgängergruppe, in die ein Auto geschleudert wurde. Ende 2006 starb in Bochum ein 20-Jähriger bei einem illegalen Straßenrennen. Unfälle mit Schaden an nicht beteiligten Personen sind häufig und werden immer mehr. Das ist aber nicht allein ein deutsches Problem. Auch in Skandinavien taucht vermehrt dieses Phänomen auf. Während in den USA gezielt nachts auf abgelegenen Industriestraßen gefahren wird, finden die Rennen in Europa ganz bewusst in Innenstädten und, vorzugsweise tagsüber, auf Autobahnen statt. Zuletzt sind im Februar 2008 sieben Personen bei einem Unfall in Maryland (USA) gestorben.

Köln im April 2015. Eine 19-jährige Fahrradfahrerin wurde bei einem illegalen Straßenrennen zwischen zwei jungen Männern so schwer verletzt, dass sie wenige Tage später verstarb. Eine Kammer des Landgerichts Köln verurteilte die beiden Männer (21 und 22 Jahre alt) zu 21 bzw. 24 Monaten auf Bewährung wegen Totschlags.. Solche Urteile sind eine Verhöhnung der Opfer und deren Angehörigen. Die Frechheit ist wie in Kapitel 2 in diesem Buch geschrieben, der blödsinnige Spruch zur Urteilsverkündung: „Im Namen des Volkes ergeht folgendes Urteil." Es ist nur im Namen dieser Verbrecher, der weichen Justiz und der Rechtsanwälte, die solche Täter immer wieder raushauen … nicht des Volkes. Der 4. Strafsenat des Bundesgerichtshofes hob im Juli 2017 die Bewährung für die beiden angeklagten Männer auf und verwies den Fall an eine andere Kammer des Landgerichts Köln zurück. Wenigstens gibt es noch Aufsichtsinstanzen, die solche „Weichei"-Richter und Gerichte überwachen.

Im Zuge der Ermittlungen bei mehreren Verkehrsunfällen in Köln innerhalb weniger Wochen wurde im Juli 2015 bekannt, dass die Unfallverursacher Leihfahrzeuge angemietet hatten, um mit diesen illegale Straßenrennen zu fahren. Einige Carsharing-Anbieter kooperieren seitdem mit der Polizei.

Im Februar 2016 verursachten zwei junge Männer bei einem illegalen Straßenrennen auf dem belebten und sehr verkehrsreichen Berliner Kurfürstendamm nach mehreren Rotlichtverstößen einen Unfall, bei dem ein unbeteiligter Autofahrer starb. Die beiden Männer wurden zu lebenslanger Freiheitsstrafe verurteilt, weil bei ihnen der Vorsatz auf die Tötung angenommen wurde. Na, geht doch. Wieso urteilen unsere Gerichte so unterschiedlich? Im Juni 2017 tötete in Mönchengladbach ein 28-jähriger Teilnehmer an einem Rennen einen Mann, als er die Kontrolle über sein Fahrzeug verlor. Die große Koalition wollte bis zur Bundestagswahl 2017 eine vom Bundesrat angestoßene Initiative umsetzen, die zwecks stärkerer Abschreckung den Strafrahmen erhöhen sollte: Wer illegale Rennen veranstaltet oder daran teilnimmt, sollte mit bis zu zwei Jahren Haft bestraft werden – und mit bis zu zehn Jahren, wenn jemand schwer verletzt oder getötet wird. Der daraus entstandene § 315d des Strafgesetzbuchs (StGB) wurde zum 13. Oktober 2017 in Kraft gesetzt. Wieso nur BIS zu 10 Jahren? Das sind Mörder. Und auf Mord steht lebenslanger Knast. Egal, ob Vorsatz, Dummheit oder Mutprobe. Und einen Führerschein dürfen diese Vollpfosten nie wieder in ihren Händen halten.

Wie viele Bürger hier zu Lande müssen noch ihr Leben lassen, weil diese Vollidioten immer noch auf den Straßen unterwegs sind? Nichts in ihrem kümmerlichen Leben erreicht, kaum Haaren im Schritt, aber das wird kompensiert mit PS starken Boliden und einem rüpelhaften Verhalten auf unseren Straßen. Wenn die Autos selbst bezahlt wären, dann können diese Volldeppen ihren Arsch abfahren. Wenn unsere Justiz nicht so schwach wäre und ihren Job richtig machen und die fälligen Urteile nicht im Namen des Volkes verkünden würden, dann könnten wir frei und ohne Angst unsere Straßen benutzen. Obwohl es oft erwiesen ist, dass ein Straßenrennen gefahren wurde und auch ein schwerer Unfall passiert ist, urteilt die Justiz milde. Warum? So dämlich können selbst die benzinvernebelten Schwachmaten nicht sein, um zu wissen, dass sie zumindest einen schweren Unfall mit Verletzten oder Toten in Kauf nehmen. Also ist das vorsätzliche Körperverletzung oder Mord. Ich bin kein Jurist und ich will mich auch nicht mit der Wortklauberei auseinandersetzen. Verletzte sind verletzt und Tote sind tot. Diese unschuldigen Menschen und ihre Familien haben unter den Folgen ihr Leben lang zu leiden. Die

Verursacher können weitermachen, nach der Strafe. Im Namen des Volkes. Nicht in meinem Namen … gewöhnt euch diesen Schwachsinn ab. Dies wurde aber bereits in Kapitel 2 beschrieben.

Und weil wir gerade beim Straßenverkehr sind. Es passieren wirklich schreckliche Unfälle auf den deutschen Straßen, mit Verletzten und Toten. Nun gibt es aber Volldeppen, die nichts anderes zu tun haben, als alles mit ihren Handykameras aufzunehmen, um sich and den Bildern aufzugeilen. Was für ein krankes Dreckspack muss das sein? Sterbende und Schwerverletze aus ihren Autos zu fotografieren. Die Strafen können nicht hoch genug sein, um dieses Pack zu bestrafen. Aber auch hier ist unser Staat zu schwach und nicht konsequent genug. Vielleicht fühlt sich der eine oder andere angesprochen und echauffiert sich über meine rüde Ausdrucksweise. Aber andere Bezeichnungen fallen mir für diese im Kopf sehr kranke Verkehrsteilnehmer beim besten Willen nicht ein. Und unsere glorreiche Politik diskutiert weiter und macht sich Gedanken, wie dieses Phänomen zu bekämpfen sei. Ganz nach dem Motto: Wer viel redet und schreibt, der bleibt. Na, dann ist doch allen geholfen. Alles wird gut und wir sind dann sicher im Straßenverkehr, irgendwann und nach weiteren zahlreichen unschuldigen weiteren Opfern.

Kapitel 13
Die ewig jammernde Landwirtschaft

Landwirt zu sein ist ein harter Job. Er muss betriebswirtschaftlich fit sein, die Landwirtschaft von der Pike auf Lernen und sehr clever und vorausschauend seinen Hof führen. Es reicht nicht mehr, so wie früher einfach den Hof zu übernehmen und die Ernte auf den Acker zu sähen und dann wieder einzufahren. Jahrein, jahraus. Die Landwirte früher waren sehr schlitzohrig, aber auch sehr einfältig. Nicht umsonst war ein Schimpfwort für einen ungepflegten und grobschlächtigen Zeitgenossen „Bauer“. Cordhosen und Gummistiefel sieht man nur noch selten, nur bei der Arbeit und nicht mehr in der wenigen Freizeit. Die Bauernhöfe von heute sind Wirtschaftsunternehmen und so müssen sie auch geführt werden. Kommt ein Betrieb in Schieflage, so muss dieser Betrieb behandelt werden wie ein ganz normales Unternehmen in der freien Wirtschaft. Nun ist es leider so, dass die Landwirtschaft sofort nach Staats- und EU-Hilfen schreit, sobald es Ernteausfälle wegen zu wenig oder zu viel Regen gibt. Oder es ist zu kalt bzw. zu warm. Das ist das Risiko in dem Job. Das weiß man vorher, wenn man diesen Beruf ergreift. Und in den Zeiten, wo die Geschäfte gut laufen, dann müssen eben Rücklagen gebildet werden. Wie bei jedem Nichtlandwirt auch. Die notwendigen Investitionen dürfen das Budget nicht übersteigen. Und die Tierhaltung muss nicht auf Masse betrieben werden, sondern auf Qualität. Auf gute Qualität und den Erhalt des Tierwohls muss geachtet werden und das hat seinen Preis. Leider beachten viele Landwirte dies nicht. Tiere sind für diese Typen nur eine Sache oder Ware. Bei jedem Haustierhalter wird von staatlicher Seite darauf geachtet, dass es dem Tier gut geht und die Tierhaltung artgerecht erfolgt. Das ist sehr gut und muss auf die landwirtschaftliche Tierhaltung strikter angewendet werden. Kontrollen über Kontrollen. Und sollten grobe Verstöße vorliegen, dann ist der Hof zu.

Das leidige Düngen unserer Wiesen und Felder. Da wird tonnenweise Gülle und eigentlich Dreck auf die Wiesen und Felder gebracht, nur um den Ertrag zu erhöhen oder die vollen Güllegruben zu leeren und, wenn möglich, mehrere Ernten im Jahr einzufahren. Ich gehöre einer Generation an, die noch ohne, dass einem die Füße abfaulen, über die Wiesen laufen konnten. Heute würde ich das wegen der ganzen Pestizide nicht mehr machen. Die Felder konnten sich nach der Ernte erst einmal erholen und lagen brach. Unser Grundwasser muss teuer und aufwendig gereinigt werden, weil wir alles sonst die Jauche saufen dürfen. Nitrate und anderes Zeug gelangt so in unseren Körper. Aber wenn wir nur mit klarem Wasser unsere Autoscheiben auf dem eigenen Grundstück waschen, oha, dann ist was los. Sofort steht ein alternativer Öko Freak da und blökt rum. Was ist mit den Streuobstwiesen? Sie sind verschwunden. Aber die Eigenheimbesitzer sollen Wiesenblumen aussähen und alles wild wachsen lassen. Dann wiederum regen sich die Nachbarn auf, weil der Garten nicht frei vom letzten Unkraut ist. Oder es kommt sogar die Gemeinde und veranlasst die Säuberung. Schön geschnittene Hecken, kein Unkraut, immer gemähter Rasen auf deutsche Normhöhe und so weiter. Und unsere Landwirte? Egal. Und sobald die Politik die Düngeverordnung ausweitet, Proteststurm. Ihre Riesentraktoren und die schweren Erntewagen belasten unsere Straßen sehr stark. Wer hat sich nicht gewundert und aufgeregt, wenn die Erntezeit ist, die Trecker aus dem Feld auf unsere Straßen fahren und die Straßen aussehen wie die sprichwörtliche Sau. Sehr gefährlich für die anderen Verkehrsteilnehmer, besonders für die Zweiradfahrer. Aber das interessiert niemanden. Aber die Eigenheimbesitzer sind verpflichtet, die Gehwege schön zu fegen und sauber zu halten. Das Wetter. Ein leidiges Jammerthema aller Landwirte. Einmal ist es zu warm, dann zu kalt, dann regnet es zu viel und zu guter

Letzt … zu viel und zu sonnig. Ja, was denn? Das Wetter kann man nicht beeinflussen und der Klimawandel ist da. Wie muss die Allgemeinheit für die Ernteausfälle bezahlen? Es ist ein Risiko, das die Landwirtschaft eingehen muss. Die Landwirtschaft muss sich anpassen. Dann pflanzen die Landwirte eben das an, was dem neuen Klima entspricht. Wir alle möchten, dass unsere Landwirtschaft überlebt, aber sie muss flexibler werden. Die alten Zöpfe müssen abgeschnitten werden und ein bisschen mehr Umweltbewusstsein vor der Profitgier dürfte es schon sein. Kommt ein Hof mit seinen finanziellen Mitteln nicht aus oder hat sich verkalkuliert, dann muss er schließen. Nur die cleversten und stärksten überleben. Wie in der freien Wirtschaft auch. Nur immer die Hand aufhalten und um Subventionen zu betteln, ist ein Armutszeugnis. Die Politik sollte unsere Landwirtschaft stärken. Man betrachte nur die Speisekarte des Deutschen Bundetages, wie im Kapitel 5 bereits beschrieben. Muss das sein? Wir Bürger können unsere heimische Landschaft ebenfalls unterstützen, indem wir Fleisch und Fisch und all die anderen Lebensmittel von heimischen Erzeugern kaufen. Weg vom argentinischem Beef und Kobe-Rind. Die Bodenpachtpreise sind in Deutschland sehr hoch. Die Vertriebswege werden immer länger und damit teurer. Über die Absatzorganisation wird in den letzten Jahren sehr viel geschrieben und diskutiert. Aber es wird in dieser brennenden Frage zu wenig gehandelt. Es ist schwer, viele Bauern unter einen Hut zu bringen. Wir werden jetzt gewahr, welche Erziehungsarbeit in den letzten Jahrzehnten an dem Bauerstand versäumt worden ist. Andere Länder, in Europa und Übersee sind uns heute in dieser Erziehungsarbeit meist weit voraus und ernten nun die Früchte derselben als Marktbeherrscher. Die eigentliche Notlage der deutschen Landwirtschaft ist begründet durch die Überlegenheit der Konkurrenzländer. Eigensinnigkeit, ein gewisses Maß an Unflexibilität und Sturheit, ist das große Problem hierzulande. Eine Mitschuld an dieser Miesere trägt der Verbraucher. Wieso muss man Butter oder Milch aus dem Allgäu kaufen, wenn in Schleswig-Holstein die Kühe genügend Milch abgeben? Warum Butter aus Skandinavien oder Irland in Bayern? Die Liste ist endlos. Lokale Produkte mit kurzen Vertriebswegen, das muss die Lösung sein. Nicht allein der Verkaufspreis oder wo es am meisten zu holen gibt. Wenn sich die deutschen Landwirte einig wären und richtig zusammenschließen würden, dann könnten sie sehr viel bewegen, zum Vorteil aller.

Kapitel 14
Flashmob, Demos, Chaoten und Verkehrsunfallspanner

Ein Thema unserer Neuzeit, der Flashmob. Was ist eigentlich ein Flashmob? Es ist ein neudeutsches Wort aus dem englischen „flash", der Blitz und dem Wort „mob", für eine reizbare Volksmenge. Oder besser gesagt, dem Pöbel. Der Begriff bezeichnet einen kurzen und scheinbar spontanen Menschenauflauf auf öffentlichen und halböffentlichen Plätzen, bei dem sich die Teilnehmer nicht persönlich bekannt sind. Diese Menschenmengen organisieren sich über das Internet und verabreden sich, um sehr ungewöhnliche Dinge und Veranstaltungen zu planen und auszuführen. Im Anfangsstadium war die Ursprungsidee noch unpolitisch. Mittlerweile ist es zur Gewohnheit geworden, dass die politischen und wirtschaftlichen Themen in den Vordergrund gerückt worden sind. Und diese Flashmobs werden dafür genutzt, die öffentliche Ruhe und Ordnung empfindlich zu stören und Krawall zu machen. Ein Paradebeispiel ist die G7-Randale in Hamburg im Jahr 2019. Diese Chaoten haben den Sinn dieser Veranstaltung nicht begriffen und durch ihr asoziales Verhalten diesen Begriff in Misskredit gebracht.

Es gibt auch viele amüsante und ideenreiche Flashmob-Veranstaltungen, die alle friedlich abgelaufen sind. Im Jahre 2006 sprangen angeblich 600 Millionen Menschen weltweit in die Luft und wollten an dem World Jump Day die Erde in eine andere Umlaufbahn schubsen. In Köln trafen sich 2009 am Nachmittag mehrere tausend Personen zu einer Kissenschlacht, zum Anlass des Pillow Fight Day. Solche Flashmob-Veranstaltungen können auch einen sehr amüsanten Hintergrund haben. In Stockholm versammelten sich im Jahre 2009 mehr als 300 Menschen zu Ehren eines Popsängers, dem King of Pop, um an verschiedenen Orten der Stadt zu seinem Lied „Beat It“ gemeinsam zu tanzen. Alle dieser Flashmob-Treffen sind gut und fördern den Grundgedanken einer solchen Idee. Alles andere, wie die Auseinandersetzungen in Hamburg, Berlin, Stuttgart und Frankfurt zeigen nur die Verachtung und die gesellschaftliche Ausgrenzung dieser Leute. Welche Ziele wollten die erreichen? Nur Randale und Zerstörung öffentlichen Eigentums. Und unser schwacher, hilfloser Staat und die Justiz reagieren sehr unbeholfen und langsam. Die Polizisten und Polizistinnen waren wie so oft die Leidtragenden und mussten die Birne hinhalten. Die verantwortlichen Politiker verschanzten sich feige in ihren Palästen. Auf ein Danke für die geleistete Arbeit warten wir heute noch. Im Gegenteil. Nach all dem Chaos krochen die Gestalten aus ihren Löchern und klagten über die unrechtmäßige Polizeigewalt während der Unruhen. Was zum Teufel sollte die Polizei denn machen, um alles in den Griff zu bekommen und für Ruhe zu sorgen? Sollten die Beamten und Beamtinnen dabeistehen und zusehen, wie alles zerschlagen wird? Oder sich die Köpfe einschlagen lassen und dann noch danke sagen? Was sind das nur für Idioten, die immer auf die Ordnungshüter verbal einprügeln, aber wenn sie selbst betroffen sind, dann laut und panisch nach der Polizei schreien. Jahrelange Gerichtsverfahren sind die Folge. Wer bezahlt für alles? Die Chaoten? Außer dem Schaden an öffentlichen Gebäuden, dem Polizeieinsatz und all dem anderen Schäden der Privatleute muss die Allgemeinheit auch noch für die teuren Gerichtsverhandlungen bezahlen. Wenn alles gerecht in diesem Staat zugehen würde, dann müssten die Damen und Herren, die an diesem Flashmob teilgenommen haben und Zerstörungen angerichtet haben, in private Haftung genommen werden. Lebenslang, denn der Schaden war immens und ich denke nicht, dass die Teilnehmer so flüssig sind. Gegen Demonstrationen ist überhaupt nichts einzuwenden, solange diese zielgerichtet und friedlich ablaufen. Leider mischen sich immer wieder zahlreiche Deppen und Unruhestifter unter diese so wichtigen Veranstaltungen und die Demos sind ein Grundrecht der freien Meinungsäußerung. In Deutschland kann gegen jedes Unrecht demonstriert werden. Egal, ob es nun Sinn macht oder auch nicht. Es gibt Menschen, die reine Berufsdemonstranten sind und sich vor Langeweile an eine Demo anschließen oder selbst eine Demo organisieren. Dieses Phänomen nimmt überhand und wer nimmt diese zahlreichen und sinnlosen ‚Demos noch ernst? Ist das der Sinn der Sache? Als in den 60ern die Studenten auf die Straße gingen, um gegen die Verabschiedung der Notstandsgesetze, den Vietnamkrieg, eine neue Hochschul- und Bildungsreform und die vollständige Entnazifizierung der deutschen Gesellschaft und einen konsequenten Antifaschismus zu demonstrieren, das wurde von großen Teilen der Bevölkerung geteilt. Leider war es so, dass sich aus den einzelnen Gruppen vereinzelte Mitglieder abgespalten hatten und radikalisiert haben. Uns allen sind die Gräueltaten der RAF noch wohl bekannt. Der Übergang von friedlichem Protest auf den Straßen zum radikalisiertem Handeln ist fließend, wenn nicht aufgepasst wird und es Leute darunter gibt, die sich unter die Menge mischen und diese missbrauchen. Diese Menschen sind nicht dumm. Nur fanatisch und manipulativ den charakterlich schwächeren Menschen gegenüber. Niemand sollte einfach wegsehen, sobald sich einzelne Personen oder ein ganzer Personenkreis in diese Gewaltspirale begibt. In der heutigen Zeit muss sich niemand mehr hinsetzen und lange Briefe schreiben, um seine Meinung zu äußern. Die neuen Medien sind schneller und erreichen mehr Menschen. Unsere Gewerkschaften sind die „Mutter" aller Demos. Nur diesen Demos, den harten und entbehrungsreichen Streiks und den Protesten haben wir es heute zu verdanken, dass alle für die Arbeitnehmerrechte und gerechte Löhne gekämpft haben. Hand in Hand. Ohne Gewalt, das nennt man friedlicher Protest. Die Damen und Herren, die sich nun mit Gewalt und Randalen Gehör verschaffen wollen, sollten einmal darüber nachdenken, was der Sinn einer Demo ist und was erreicht werden soll. Jede Demo hat doch ein Ziel und braucht die Zustimmung und Unterstützung der Öffentlichkeit. Die Öffentlichkeit lehnt aber solche Chaotendemos ab. Bei solchen Demonstrationen muss der Staat mit voller Härte und Konsequenz durchgreifen. Sie schaden der eigentlichen Sache und dem Grundgedanken einer Demonstration erheblich. Am schlimmsten ist die menschliche Gruppendynamik. Sie laufen wie die Rinder immer dem Arsch, der vorangeht hinterher oder springen wie die Lemminge in ihr Unglück. Das normale und hart arbeitende Volk muss beim Einkauf und auf öffentlichen Plätzen die Maske tragen, aber sobald diese COVID Deppen in Massen auftreten, da ist der Staat machtlos und akzeptiert die Aufmärsche. Das wird dann unter den Deckmantel der Meinungsfreiheit und des Demonstrationsrechts gekehrt. Wer kann schon seinen Kindern plausibel erklären, dass sie in der Schule und in den Bussen die Maske aufsetzen müssen und die Kinder und Jugendlichen in den Medien sehen, wie sich die Verweigerer und Corona Spinner zusammenrotten! Wir haben renommierte Wissenschaftler die Tag ein und Tag aus vor den Gefahren warnen. Diese Leute haben Ahnung und wissen was zu tun ist. Nur unsere Politiker sind kopflos und rennen umher wie ein aufgescheuchter Hühnerhaufen. Konsequente Maßnahmen und Entscheidungen zu treffen, dafür sind unsere führenden Staatslenker, besonders die im Alter senile Kanzlerin, die ihre Zeit bis zur Rente absitzt, nicht in der Lage. So kann das Volk handeln, wie es möchte!

Und nun zu einer andern Spezies von Idioten! Es sind eigentlich ganz normal Bürger, unscheinbar und spießig. Sie gehen brav zur Arbeit, manche haben auch ein kleines Häuschen, welches unter der Last der Hypotheken zusammenbricht, sind im örtlichen Sportverein und leben ein ruhiges Leben. Wenn aber eine Reise unternommen wird, da schaltet das sonst so besonnene Hirn ab. Diese Autofahrer stehen im Stau und eigentlich muss bei einem Stau wegen einem Unfall die lebensrettende Rettungsgasse freigehalten werden. Eigentlich! Hirn ausgeschaltet oder wahrscheinlich mit einem sowieso sehr niedrigen IQ ausgestattete Zeitgenossen, versuchen diese Idioten auf dem Standstreifen zu fahren oder zu wenden. Schlimmer noch, dass sie keine Rettungsgasse freihalten, um die Rettungskräfte zum Unfallort ihre wichtige Arbeit ausführen zu lassen. Am Unfallort angekommen, zücken diese Vollpfosten ihre Handys um die Schwerverletzten oder gar Toten zu fotografieren um sich in den sozialen Medien wenigsten ein bisschen Aufmerksamkeit und Anerkennung zu holen. Diese Menschen sind so armselig und krank im Kopf. Es sind nichts anderes als Spanner, die sich am Leid der anderen Menschen aufgeilen und ergötzen. Und genauso armselig und völlig irre sind die Familienmitglieder, die im Auto sitzen und das alles dulden. Wahrscheinlich entwickeln sich dann die Kinder im Laufe der Jahre zu ebensolchen Idioten und kranken Menschen wie ihre Eltern. Die absolute Krönung ist dann noch, wenn die Unfallhelfer tätlich angegriffen werden. Wie oft ist zu lesen, dass sich die Rettungssanitäter dieser Ar… erwehren müssen. Was machen eigentlich die staatlichen Organe dagegen? Ein Autofahrer, der aus dem KFZ oder der LKW Fahrer der aus seinem LKW die Spannerfotos mit seinem Handy schießt, der wird auch nur fotografiert, um diesen Idioten später einen schlappen Bußgeldbescheid zu senden. Uiih, da haben die Deppen aber große Angst vor. Lachhaft und ein weiteres Anzeichen dieses schwachen, hilflosen und machtlosen Staates! Die LKW-Fahrer sind in ihrem Beruf untragbar, denn sie haben eine größere Verantwortung mit ihren tonnenschweren Fahrzeugen. Diese Idioten sind ungeeignet, ein Fahrzeug zu führen und müssen aus dem Verkehr gezogen werden. Auch Familienväter, die an Unfallorten im Beisein ihrer Kinder solche Fotos schießen und womöglich auf die Handys ihrer Kinder senden, sind schwer krank in ihrer hässlichen Birne. Dieses spannerhafte Verhalten und die nicht mehr weit entfernte Pädophilie ist sehr bedenklich. Ja, solche Menschen haben keinerlei Hemmungen, sich an Kindern zu vergreifen. Sie haben jegliche Skrupel verloren, nur die eigene Befriedigung zählt für diese Vollbratzen und geilt diese schwer gestörten Menschen auf. Diese psychische Krankheit ist schwerwiegend und muss behandelt werden. Eine Maßnahme wäre, diese Penner zu einer Leichenschau vorzuladen, um sich genau die Opfer eines Unfalls anzusehen, in aller Ruhe mit der Sektion der Leiche! Ich denke das hilft, denn wer kann einen offenen Schädel mit der gesamten Hirnmasse aus der Nähe betrachten? Auch die Organe sind doch für diese Spinner und Spanner interessant. Oder nicht? Ihren Führerschein … achja, das Wort „Führer“-schein, ist nicht mehr zeitgemäß und kann negativ ausgelegt werden. Die Fahrerlaubnis darf dann erst nach einer ausgiebigen psychologischen Untersuchung und Einschätzung erteilt werden. Ein sehr gutes Beispiel hat ein Polizist geliefert, der solch einen fotografierenden Verkehrsteilnehmer angehalten und aus dem Auto „gebeten“ hatte. Der Spanner sollte sich doch einmal den Unfalltoten aus der Nähe ansehen. Und siehe da! Das feige Sch…. hat gekniffen! Wie armselig. Dies muss die reguläre Vorgehensweise bei jedem Unfall sein, wo diese Idioten mit ihren Handys oder Kameras auftauchen und fotografieren. Apelle oder Ermahnungen begreifen diese unterbelichtete Zeitgenossen nicht. Auch bei der Nichteinhaltung der vorgeschriebenen Rettungsgasse muss unser Vater Staat endlich hart durchgreifen. Von angriffen auf die Rettungskräfte ganz zu schweigen. Ich möchte mal erleben, wenn der Pöbel sich an Politikern verbal oder handgreiflich „bedient“. Der Aufschrei und die allseits beliebte Empörung in diesen Kreisen wäre enorm.

Kapitel 15
GEZ, Fernsehprogramm und Realityshows

Der seit 2013 eingeführte neuen Namen für die GEZ, Gebühren Einzugs Zentrale, lautet nun ARD ZDF-Deutschlandradio Beitragsservice. Ein neuer Name in der alten Verpackung und ein neuer Name für die Zwangsabgabe pro Haushalt. Ein schönerer Name für Zwang ist nun das Wort Service. Natürlich ist eine Erhöhung der Serviceabgabe gleich mitbeschlossen worden. Pro Haushalt und für Bundesbürger ab 18 Jahren gilt diese Serviceabgabe, oder auch: eine Wohnung - ein Beitrag. Der Irrsinn ist, auch wenn ein Haushalt keinen Fernseher oder und kein Radio besitzt, die gierigen Abzocker der Rundfunkanstalten wollen trotzdem ihre „Servicegebühr“. Der deutsche „Michl“ lässt es geschehen und zahlt. Da wird gegen jeden Scheiß auf die Straße gegangen und demonstriert, weil manche Zeitgenossen sich bevormundet und ausgenommen fühlen. Wo bleibt denn die Freiheit selbst zu entscheiden, ob ich eine „Servicegebühr“ bezahlen will. Wenn ich diesen Service nicht möchte, dann sollen die öffentlich-rechtlichen Fernsehsender jedem der diesen Service nicht möchte einen Decoder ins Haus stellen, damit man diesen Schrott den diese Sender als Fernsehprogram bezeichnen nicht empfangen kann. Wer hat sich nicht schon so oft über die Fernsehprogramme aufgeregt? Nur Wiederholungen, endlos Serien oder noch schlimmer, die Dokusoaps mit abgehalfterten 3 klassigen „Stars“ die ihre blöde Visage in jede Kamera halten müssen, um ein wenig Kohle abzugreifen? Für normale und mit einer guten Ausbildung versehenen Arbeit, sind diese „Stars“ zu blöd oder zu faul. Aber solange es Fernsehzuschauer gibt, die sich diesen Schwachsinn reinziehen, solange wird es diesen geistigen Dünnschiß geben. Sehr helle in der Birne können dies Zuschauer nicht sein. Als Reality-TV (deutsch: Realitätsfernsehen) bezeichnet man ein Genre von Fernsehprogrammen, in denen vorgeblich oder tatsächlich versucht wird, die Wirklichkeit abzubilden. Geschieht dies in Form einer Show, so spricht man von einer Reality-Show. Gerade die Menschen, die denken, dass diese Shows der Realität entspricht und alles so ist wie in den Shows gezeigt wird, der glaubt auch noch an den Weihnachtsmann. Kindliche Naivität, oder doch vollkommene Verblödung? Man muss wissen, dass diese Realityshows ihren Ursprung in den USA haben. Wo auch sonst? Die Amies glauben an Außerirdische, sehen jede Woche den King of Pop irgendwo beim Einkaufen und andere Dinge mehr. Nur dass die Deutschen auf diesen Zug aufspringen, das lässt doch tief blicken. Ein weiteres Genre sind die Castingshows. Es ist nicht zu glauben, was da so auftritt und sich zum Affen macht. Dort wird den zum Teil jungen Menschen vorgegaukelt, welch großartiges Gesangstalent sie wären. Hören sich diese „Talente“ eigentlich einmal selbst zu? Es gab eine Zeit, wo nur unter der Dusche oder auf der Toilette gesungen worden ist und dort hat es außer die Familienangehörigen oder die Nachbarn niemand weiter gestört. Ich wundere mich nur, dass sich die Teilnehmer einer solchen Show, noch auf die Straße trauen. Der „Fremdschäm Faktor“ muss doch vorhanden sein. Oder etwa nicht? Viele sind auch nach ihrem Auftritt und dem Shitstorm zerbrochen. Richtig Erfolg hat keiner und das große Geld hat auch keiner gemacht, nur die Produzenten und Fernsehsender. Es gibt auch viel zu viele Fernsehsender in der deutschen Fernsehlandschaft. Mindestens 50% kann abgeschaltet werden. Gut ist nur, dass für die privaten Sender nichts bezahlt werden muss und sich diese Sender über die Werbung finanzieren. Es gibt auch wenig richtig gute Sender, die ansprechende und informative Sendungen bringen, aber das Programm dieser Sender ist für viele Fernsehzuschauer geistig zu hoch und nicht zu verstehen. Also lieber die Birne auf Standby schalten und Trash (Müll) TV schauen. Die absoluten Highlights im deutschen Fernsehen sind

„Ekel und Abkotz“ Reality Shows für geistig umnachtete Spanner und Voyeure. Nur Menschen mit einem gewissen Grad von „Problemen“ schauen anderen drittklassigen „Prominenten“ beim Essen von Müll, Fäkalien und anderen abnormalen Handlungen zu. Was manche Zeitgenossen so alles für etwas Aufmerksamkeit und Geld machen, ist unglaublich und für normale Menschen unvorstellbar. Dass sie dabei ihre Selbstachtung verlieren, stört sie nicht, oder sie merken es nicht mehr. Wer kann sich noch an die gute alte Fernsehzeit erinnern, als die ganze Familie oder die halbe Nation am Samstagabend vor den Unterhaltungsshows saß. Qualifizierte und großartige Talkmaster, die ihr Handwerk verstanden haben, unterhielten Millionen Zuschauer, die noch am Montag auf der Arbeit über diese Shows gesprochen haben. Talkmaster wie Wim Thoelke mit dem „Großen Preis“, Alfred Biolek mit seiner Show „Bio´s Bahnhof“ und den ersten Kochshows im deutschen Fernsehen, Hans Rosenthal mit seiner Show, „Dalli Dalli“ und vielen anderen unterhaltsamen Shows, ein Hans Joachim „Kuli“ Kulenkampff und dem unvergessenen und einmalige Rudi Carrell mit dem bürgerlichen Namen Rudolf Wijbrand Kesselaar. Diese Showmaster haben seit Anfang der 60er bis weit in die 1980er die Fernsehlandschaft geprägt. Auch viele hochrangige nationale und internationale prominenten Gäste gaben sich die berühmte Klinke in die Hand. Die heutigen sogenannte Unterhaltungsshows mit zweitklassigen Gästen sind nur noch ein billiger Abklatsch vergangener Zeiten. Teilweise nur noch peinlich und zum Fremdschämen geeignet. Es gibt nur eine wirklich unterhaltsame Fernsehsendung mit hervorragendem Moderator und professionellen Personal und Mitwirkenden. Es ist eine bekannte Trödelshow, die täglich im öffentlich – rechtlichen Programm ausgestrahlt wird. Für diese Sendung lohnt sich die GEZ-Gebühr, oder neudeutsch „ARD-ZDF Beitragsservice“.

Nicht nur das deutsche Fernsehprogram ist stark sanierungsbedürftig. Auch die zahlreichen Radioprogramme sind teilweise eine große Zumutung für die Hörer. Ich weiß nicht, ob sich manche Moderatoren und Verantwortliche in der Regie einmal den Müll anhören, der schon am Morgen im Radioprogramm zu hören ist. Da hilft nur ausschalten oder den Sender wechseln. Wer hat sich nicht schon über die peinlichen und im Kinderfunk besser aufgehoben Moderatoren geärgert, die am frühen Morgen pausenlos ins Mikrophon plappern, ohne groß Luft zu holen? Die Stimmen überschlagen sich und oft ist ein an den puren Wahnsinn grenzendes blödes Gekicher oder Gelache zu hören. Es gibt auch Moderatoren, die ihre

Gesangskünste über den Äther verbreiten müssen. Vollpeinlich. Hirnlose Texte, schlechter Gesang, der an einen jaulenden Hund erinnert, da fängt der Tag gut an. Aber es gibt den Senderwahlknopf oder den Stecker ziehen. Für das alles werden GEZ-Gebühren fällig. Interessant sind die Auswandererdokumentationen. Es gibt doch noch Deutsche, die ihr Land verlassen, um sich irgendwo auf der Welt und in einem anderen Land eine sichere Zukunft aufzubauen. Ganz ohne die hier so übliche staatlich verordnete Meinungszensur und Repressalien. Da sitzt der deutsche „Michl" staunend vor dem Fernseher und blickt neidvoll auf diese Mitbürger. Was wäre denn, wenn nur 10 Prozent der deutschen Bevölkerung diesen Auswanderern folgen und dem Land den Rücken kehren? Unsere Sozialsysteme brechen zusammen!

Kapitel 16
Hartz 4 und die Alterspyramide, Renten, Pflegedienst

Bevor nun wieder die Personen kommen, die gegen Hartz-4-Empfänger wettern und ihre engstirnige Ansichtsweise äußern, die bitte ich doch einmal die folgenden Zeilen aufmerksam und genau zu lesen, zu verstehen und sich in diese Situation zu versetzen. Keiner, und hat man noch so einen guten und sicheren Job, ist vor dem Hartz-4-Schicksal verschont, WENN eine plötzliche Krankheit oder ein Unfall das Leben aus dem Gleichgewicht bringt. Dann nämlich ist es sehr schnell vorbei mit dem ruhigen und harmonischen Leben und dem Auskommen. Die allgemeine Meinung der arbeitenden Bevölkerung ist doch, wer arbeiten will, der findet auch eine Arbeit. Das ist richtig. Aber was ist denn, wie schon beschrieben, wenn eine plötzliche Krankheit auftritt, und ich meine nicht den Schnupfen, die Grippe oder Ähnliches. Ich spreche von einer chronischen Erkrankung wie einer Nierenerkrankung, Krebs, MS (Multiple Sklerose) oder Ähnliches. Wer stellt einen Dialysepatienten im mittleren Alter ein, der alle zwei Tage für fünf Stunden zur Dialyse gehen muss? Oder einen Herzkranken mit Bypass und Klappenfehler? Jemanden, der nicht belastbar ist.

Das sind nicht wenige in unserer Republik und nur einige Beispiele für unsere Zivilisationskrankheiten der Gesellschaft, von den immer mehr auftretenden psychischen Problemen wie „Burnout“ abgesehen. Es muss nicht immer eine Krankheit sein, die ganze Existenzen bedroht. Solange unsere Wirtschaft noch einigermaßen gut läuft, solange es noch genügend Arbeit gibt, solange der Arbeitsmarkt sein Personal händeringend sucht, solange ist alles in Ordnung. Dies gilt nur für 1. gut ausgebildetes, 2. gesundes und 3. junges Personal.

Fangen wir bei Punkt 3 an. Laut dem statistischem Bundesamt lag das Durchschnittsalter aller erwerbstätigen Arbeitnehmer in der Bundesrepublik Deutschland im Jahre 2018 bei 45 Jahren. Im Jahr 2017 waren Erwerbstätige in Deutschland im Durchschnitt rund 44 Jahre alt, das waren etwa 4 Jahre mehr als 20 Jahre zuvor. Das Durchschnittsalter von berufstätigen Frauen und Männern war 2017 nahezu identisch. Wie das Statistische Bundesamt anhand aktueller Ergebnisse aus Erhebungen weiter mitteilt, gab es jedoch erhebliche Unterschiede zwischen Selbstständigen und Arbeitnehmerinnen beziehungsweise Arbeitnehmern sowie zwischen einzelnen Berufen. Mit durchschnittlich 50 Jahren waren Selbstständige im Jahr 2017 deutlich älter als Arbeitnehmerinnen und Arbeitnehmern mit 43 Jahren. In beiden Gruppen stieg das Durchschnittsalter in den letzten Jahren kontinuierlich an. Vor 20 Jahren waren Arbeitnehmerinnen/Arbeitnehmer im Schnitt 39 und Selbstständige 46 Jahre alt. In den verschiedenen Berufsgruppen variiert das Durchschnittsalter von 31 Jahren (Berufe in der Mechatronik und Automatisierungstechnik) bis 53 Jahren (Angehörige gesetzgebender Körperschaften, Interessenorganisationen wie zum Beispiel Abgeordnete, Betriebsräte). Überdurchschnittlich alt sind auch Ärztinnen und Ärzte mit 48 Jahren. Unter den Gesundheitsberufen folgen ihnen dicht Psychologinnen und Psychologen mit 47 Jahren. Die Gesundheits- und Krankenpfleger/-innen mit 42 Jahren sowie Praxishilfen mit 39 Jahren liegen jeweils noch unter dem allgemeinen Durchschnitt. Relativ jung sind auch Erwerbstätige in der Informatik mit 39 Jahren und in der Softwareentwicklung/Programmierung mit 40 Jahren. Bedienstete in der öffentlichen Verwaltung liegen mit 46 Jahren leicht über dem Durchschnitt. Lehrerinnen und Lehrer an allgemeinbildenden Schulen sind mit 45 Jahren etwas jünger als ihre Kolleginnen und Kollegen an den berufsbildenden Schulen (47 Jahre).

Wenn man diese Zeilen genaustens liest, so wird man sehr schnell feststellen, dass dies alles nur auf gesundes Personal und die Arbeitskräfte bezogen ist. Was passiert mit dem Personal in diesen Altersgruppen, wenn die Gesundheit nicht mehr mitmacht, oder der Job wegfällt? Durch die fortlaufende Globalisierung werden jahrelang ansässige Firmen einfach aus Kostengründen an billigere Produktionsstätten verlegt, die Arbeitskräfte aber bleiben hier zurück. Nun kommt das Alter ins Spiel. Sehr leicht gerät man dann in die Hartz-4-Spirale und der Gang zum „Amt“ bleibt nicht erspart. Jetzt geht's erst richtig los.

Eine Statistik berechnet den Hartz 4 Regelsatz, nicht die Realität.

Wie setzt sich der Regelsatz zusammen?

Anteil am Regelbedarf		in % von der RL	in € von der RL
1.	Nahrung, alkoholfreie Getränke	34,86%	150,60 €
2.	Freizeit, Unterhaltung, Kultur	9,59%	41,43 €
3.	Nachrichtenübermittlung	8,94%	38,62 €
4.	Bekleidung, Schuhe	8,76%	37,84 €
5.	Wohnen, Energie, Wohninstandhaltung	8,87%	38,32 €

6.	Innenausstattung, Haushaltsgeräte und – Gegenstände	6,16%	26,61 €
7.	Waren und Dienstleistungen	7,93%	34,26 €
8.	Verkehr	8,33%	35,99 €
9.	Gesundheitspflege, Körperpflege	3,80%	16,42 €
10.	Beherbergungs- und Gaststättendienstleistung	2,49%	10,76 €
11.	Bildung	0,26%	1,12 €
	Summe	100 %	432 €

Also ist der monatliche Hartz-4-Betrag derzeit, Stand Juli 2020, 432 Euro für eine Alleinstehende Person.

Die oben aufgeführte Tabelle zeigt an, wie der Hartz-4-Satz von den Behörden berechnet worden ist.

Punkt 1: Werden 30 Tage eines Monats als Basis genommen, dann bleiben pro Tag für Nahrung und Getränke 5,02 Euro. Wenig, aber ausreichend.

Punkt 2: Freizeit und Unterhaltung: 1,38 Euro pro Tag. Was kann man damit anfangen?

Punkt 3: Nachrichtenübermittlung: 1,29 Euro. Eine günstige Tageszeitung in Deutschland kostet ca. 0,80 Euro. In Bulgarien kostet eine Tageszeitung nur 0,36 Euro Also ab nach Bulgarien oder ohne Zeitung und Informationen leben. Aber informieren ist Pflicht für einen Hartz-4-Empfänger.

Die anderen Punkte sind ohne große Bedeutung.

Punkt 8: Verkehr: Wenn das Amt zum Termin „bittet", so benötigt der Empfänger den öffentlichen Nahverkehr. Natürlich gibt es ein Sozialticket und eine Monatskarte. Diese gibt es auch nicht umsonst und müssen bezahlt werden. Diese Karten sind nur für ortansässige Empfänger gültig. Was macht ein Sozialempfänger, wenn er in eine andere Stadt MUSS? Nun tritt das Gesetz „Alle Menschen sind gleich" in Kraft. Die Abgeordneten des Bundestages dürfen die Netzkarte Bahncard 100 der Deutschen Bahn für die 1. Klasse ohne Einschränkungen gratis nutzen. Die Verwendung gilt für alle Fahrten, egal, ob es sich um einen privaten oder geschäftlichen Anlass handele, berichtet eine bekannte Boulevardzeitung unter Berufung auf einen Sprecher der Bundestagsverwaltung und den veränderten Text auf der Internetseite des Parlaments in der Rubrik „Reisekosten". In dem Bericht hieß es dort: „Hier stellt der Bundestag eine Netzkarte zur Verfügung, die für das Mandat, nicht aber privat genutzt werden darf." Einen Tag später, nach der Veröffentlichung, fehlte ein Halbsatz, nämlich das Verbot privater Nutzung wurde demnach ersatzlos gestrichen. Soso. Auf Anfrage der Zeitung erklärte ein Sprecher des Bundestages: „Es besteht seitens der Bundestagsverwaltung keine Veranlassung und Möglichkeit, die Verwendung der Bahncard zu kontrollieren." Zuvor hatten die Partei „die Linke" und ein Mitglied im Ältestenrat des Deutschen Bundestages eine Klärung zum Umgang mit der Bahncard für Abgeordnete gefordert. „Der Ältestenrat des Deutschen Bundestag sollte sich auf jeden Fall mit diesem Vorgang beschäftigen", sagte ein Abgeordneter einer Tageszeitung. Hintergrund der Forderung sind Reisen eines SPD-Kanzlerkandidaten zu bezahlten Vorträgen mit der Bahn, für die er die Bahn-Netzkarte 1. Klasse genutzt hatte, die Abgeordneten zusteht. In den Jahren 2015 und 2016, schon lange her, haben 89 Personen eine Bahncard 100 beantragt und bekamen diese auch. Bei einem Einzelpreis von ca. 6900 Euro im Jahr betragen die Kosten für diese Vergünstigung für Abgeordnete 614.000 Euro pro Jahr für den deutschen Steuerzahler. Der Preis für eine solche Karte liegt bei 6.900 Euro p.A. Auf den Tagessatz heruntergerechnet also bei 18.90 Euro. Nimmt man den Tagessatz für Verkehr eines Hartz-4-Empfängers als Referenz, so liegt der Tagessatz bei einem „Hartzer“ bei 1,18 Euro. Natürlich muss ein Leistungsempfänger nicht in Deutschland herumreisen, das darf er auch nicht, denn er hat eine „Anwesenheitspflicht“. Wieso denn diese sehr großen Unterschiede? Die meisten der Volksvertreter nahmen auch an keiner oder nur sehr wenigen Sitzungen teil. Also, wofür wurde diese Bahncard beantragt? Nur dass die Abgeordneten umsonst in unserem Land umherfahren konnten?

Unsere Bundestagsabgeordneten aber haben eine Bahncard, bei den Einkünften und dem Dienstwagen. Der arme „Hartzer“, der wird vom Amt sehr oft behandelt wie der letzte Dreck.

Punkt 9: Gesundheitspflege, Körperpflege: 0,55 Euro pro Tag. Einmal ganz ehrlich. Kann man sich mit diesem Betrag ausreichend pflegen und noch menschlich aussehen? Es ist kein Wunder, dass man „Hartzer“ schon von weitem erkennen kann.

Punkt 11: Bildung: Jetzt ganz in Ruhe sacken lassen. Für Bildung stehen einem Hartz-4-Empfänger 0,03 Euro pro Tag im Monat zur Verfügung.

Alles natürlich nur rein statistisch. Und „die bekommen doch sowieso alles umsonst“. Alle, die so einen Mist verbreiten, die müssen nur für einen Monat die Hartz-4-Probe bestehen und mit dieser

Kohle von 432 Euro über die Runden kommen. Aber dazu sind diese Weicheier und Schreihälse nicht in der Lage und zu feige. Also einfach mal das Maul halten. Natürlich gibt es Zeitgenossen, die denken im Traum nicht daran, zur Arbeit zu gehen. Aber das sind Ausnahmen oder Schmarotzer von Natur aus, wie so manche Flüchtlinge. Jede Menge Kinder in die Welt setzen und dafür noch Geld vom Staat erhalten, das ist leichter und einfacher. Eine Familie mit 5 Personen, 2 Erwachsene und 3 Kinder wie so üblich, erhält pro Monat ca. 1717 Euro, abhängig vom Alter der Kinder. Die Wohnung wird auch bezahlt. Leichtes und bequemes Leben ohne Sorgen im gelobten Land der dummen und „verhassten Ungläubigen“.

Noch kurz für Familien, die Kinder haben: Wenn etwa für den gesamten Hygienebedarf von Babys und Kleinkindern, inklusive etwa Windeln, in einem Monat lediglich 7,66 Euro zugestanden werden, ist das offensichtlich realitätsfern und bedarf einer Anpassung nach oben. Die Schwächsten der Gesellschaft müssen für die Unfähigkeit und Intoleranz bezahlen. Und die Jobcenter und Sozialämter sind absolut mit ihren Mitarbeiter fehlbesetzt. Was dort für hochnäsige „Gestalten“ ihren Hintern plattsitzen, ist schon erstaunlich. Diese Zeitgenossen sind in diesem Amt gut aufgehoben, denn in der freien Wirtschaft wären sie sehr schnell auch ein Fall für die „Stütze“. Ihre „Kettenhunde“, die Herren und Damen, die losziehen, um die Leistungsbezieher zu überprüfen, sind in einem Kinderheim oder in einem Altenpflegeheim besser als Aufsicht aufgehoben. Sie schnüffeln den Leuten hinterher und prüfen, ob nicht irgendwo eine Kleinigkeit von Wert ist. Aber diese feigen Zeitgenossen trauen sich nicht an die Großfamilien heran. Viele beziehen Leistungen, wohnen in Villen mit dicken Schlitten davor. Keiner fragt nach der „Bedarfsgemeinschaft“, wenn 5 oder mehr Personen unter einem Dach hausen. Denn sonst muss die „Stütze“ gekürzt oder gestrichen werden, wie bei den harmlosen deutschen Staatsbürgern. Mit diesen Leuten aus dem Ausland legen sich die feigen Kontrolleure nicht an. Für diesen Job werden bestimmt die Leute ausgesucht, die in der Schulzeit schon die kleinsten und schwächsten beim Lehrer verpfiffen haben.

„Die Rente ist sicher.“ Wer kann sich nicht an diesen Satz unseres ehemaligen Arbeitsministers Herrn Norbert Blüm erinnern?

„Die Rente ist sicher“ – kaum ein politischer Satz brannte sich in die Köpfe der Deutschen ein wie dieser. Dr. Norbert Blüm, CDU, und Bundesminister für Arbeit und Sozialordnung, sprach die Worte zwar erstmals im Wahlkampf 1986 und im Oktober 1997 sollte er diese jedoch in einer hitzigen Debatte im Deutschen Bundestag wiederholen. Mit den Stimmen der Fraktionen der CDU/CSU und FDP wurde an diesem denkwürdigen Tag die sehr umstrittene Rentenreform verabschiedet. Die gestiegene Lebenserwartung und eine geringe Geburtenrate zwangen die Politik zum Handeln. Die damalige Regierung reagierte: Ein sogenannter demografischer Faktor sowie die Absenkung des Rentenniveaus von 70 auf 64 Prozent sollten die Renten der Deutschen in Zukunft langsamer ansteigen lassen.

„Rentenversicherung auf der Intensivstation".

Im Parlament sorgten diese Pläne für reichlich Zündstoff. „Diese Bundesregierung will den Leuten an die Rente", sagte ein Abgeordneter der Opposition vor dem Parlament. Der demografische Faktor sei ein pseudowissenschaftliches Alibi und politischer Unsinn, unterstrich die Oppositionspartei deutlich. „Die Folgen dieses Gesetzentwurfes sind klar: Die Operation ist gelungen, die Rentenversicherung auf der Intensivstation", so der Abgeordnete, der versicherte, dass seine Partei diese Reform wieder abschaffen werde. „Unser Widerstand liegt auch im Interesse der jungen Generation."

Die junge Generation spielte auch in der Rede von Sozialminister Norbert Blüm die entscheidende Rolle. „Die erste Maxime dieser Rentenreform heißt: die Generationssolidarität durch Generationsgerechtigkeit stärken.“ Die finanziellen Folgen des demografischen Wandels könnten jedoch nicht allein von den Jungen getragen werden. „Solidarität ist keine Einbahnstraße“, meinte ein CDU/CSU Abgeordneter. Und Blüm warnte: „Spielt nicht Jung gegen Alt aus.“ Aber genau das geschieht im Jahre 2020. Die Jugend trägt die Altlasten.

Unsozial und systemzerstörerisch, so wurde das System damals betitelt.

Im Plenum kam es zu einem munteren Austeilen übers Aufteilen. Bündnis 90/Die Grünen sprachen bei der Rentenreform von einer Kapitulationserklärung und Stümperei. Die Alterssicherung müsste an moderne Lebenskonzepte angeglichen werden. „Die bloße Absenkung des Rentenniveaus, ohne gleichzeitig die Spielregeln für die Rentenberechnung zu ändern, wird viele Menschen in die Altersarmut treiben“, prophezeite eine Abgeordnete von Bündnis 90/Die Grünen. Wie sich nun herausstellt, sie hatte Recht. Die geplante Reform sei unsozial und systemzerstörerisch, so die PDS. „Damit entledigen Sie die gesetzliche Rente nun völlig ihrer lebensstandardsichernden Funktion und verweisen auf zusätzliche private Vorsorge. Das Werten wir als Systembruch“, befand eine Abgeordnete der damaligen PDS Partei. Ohne Umverteilung des produzierten Reichtums sei eine armutsfeste, gerechte Rentenversicherung nicht möglich, machte die Abgeordnete klar. Die FDP plädierte in der Plenarsitzung ganz offen für eine Eigenvorsorge in privater Form. Zwar könne mit der gesetzlichen Rente auch künftig die Alterssicherung gewährleistet werden, versprach eine Abgeordnete der FDP, jedoch ohne Garantie des vollen Lebensstandards. Stellte sich nur die Frage, der Finanzierung. Wie so oft. Bei einem waren sich die Fraktionen jedoch einig: Die Rentenreform kostet Geld. Ein steuerfinanziertes Versorgungssystem lehnte die Regierungskoalition aber ab. Mehr Steuergelder zur Finanzierung der Rente würden weniger Leistungsgerechtigkeit bedeuten, bilanzierte die FDP in Richtung Opposition. Stattdessen solle ein stabiler Beitragssatz durch einen Bundeszuschuss und die Erhöhung der Mehrwertsteuer gesichert werden. Die SPD aber wolle den Rentnern einreden, die Rentenkassen ließen sich ohne Einsparungen sanieren, bemängelte eine Abgeordnete und sprach beim sozialdemokratischen Vorhaben der Umfinanzierung von einem Gaukelspiel. Die Wortwahl war am 10. Oktober 1997 deutlich. Die Rentenreform sollte zur letzten große Debattenschlacht vor der Bundestagswahl 1998 werden. So setzte Blüm alles auf seinen alten Wahlspruch. „Zum Mitschreiben: Die Rente ist sicher“, sagte Blüm im Plenum. Ein SPD-Politiker warnte, dies zu glauben. „Wer sich auf das Wort des Bundesministers verlässt, hat auf Sand gebaut“. Dabei ging es im Plenum um das Fundament der Gesellschaft. Schließlich ist die Rente eine Frage der Zukunft und der Generationen. Und so stellte Sozialminister Blüm abschließend fest: „Da helfen Worte nicht allein.“

Im Jahr 2020 ist unser Pflegesystem ebenfalls am Boden. Jahre zuvor wurde das aufkommende Problem in der Pflege schon erkannt, aber nichts unternommen. Wie so vieles in diesem Land, wurde alles zerredet, ausgiebig diskutiert und jeder kleine „Experte“ hat seinen (un) qualifizierten Senf dazu gegeben. Was haben wir nun? Pflegenotstand. Nicht einen Notstand an Pflegebedürftigen, sondern von qualifizierten Alten- und Krankenpflegern. Schuld daran ist unsere Politik, die nichts auf die Reihe bringt, außer nett zu reden, zu diskutieren und auf Probleme hinzuweisen. Lösungen können oder wollen diese Volksvertreter nicht präsentieren. Leidtragende sind die wenigen und unterbezahlten Pflegekräfte, die Tag ein und Tag aus ihr Möglichstes unternehmen, damit es unseren Angehörigen gut geht. Zur Lösung des

Problems hilft auch nicht das allzeit propagierte Schlagwort: „Ausländische qualifizierte Pflegekräfte nach Deutschland holen." Dies hatte ich in einem anderen Kapitel beschrieben. Mit Geldscheinen wedeln und dann löst sich das Problem. Und was wird aus den Ländern, die ihre Pflegekräfte verlieren? Scheint egal zu sein. Hauptsache dem deutschen, reichen „Protz-Michl" wird der Hintern gewischt. Weitsichtige Politik sieht anders aus. Das Wort „Pflege" ist eine Beleidigung für diesen Dienst. Und wer hat das alles „verbockt"? Unsere kurzsichtige und unfähige Politik. Ausbaden müssen es die Patienten, die Krankenschwestern und Pfleger und die Ärzte. Unsere Politiker diskutieren und streiten. Alles wird gut. Deutschland, quo Vadis?

Kapitel 17
Die Partygesellschaft und „Influencer“

Die Partygesellschaft in Deutschland. Was soll man dazu noch sagen? Saufen und grölen … das wird als Partymachen verstanden. Sehr armselig und billig. Da fährt diese asoziale Gemeinde zum Ballermann, weil es billig ist, und führt sich auf wie die Tiere. Man muss sich nur einmal diese Gestalten betrachten. Keine oder kaum Haare zwischen den Beinen, aber im Puff und an der Theke drängeln. Auch Kamele und anderes Getier können saufen, da muss der Intelligenzquotient nicht sehr hoch sein. Mädchen in sehr jungen Jahren laufen herum wie billige Schlampen. Mama und Papa sponsern die billige Schminke. Sie finden sich hübsch und posen in jede Kamera. Naja, Einbildung ist auch eine Bildung, wenn sonst nichts dahintersteckt. Junge Männer stehen diesen „Püppchen“ in nichts nach, denn auch die Herren der Schöpfung fangen an sich zu schminken, zu stylen und pumpen ihre schwach behaarte Hühnerbrust auf. Dann geht’s auf die Piste zum Party machen und zum Rudelbalzen. Diese Hirnies bringen auch keinen anständigen und flüssigen Satz bei einem Interview heraus. Wie sollte das auch gehen, wenn das Hirn weggesoffen ist oder nie vorhanden war. Aus dieser Szene kommen auch viele „Street Racer“ hervor, die sich bei ihresgleichen in Position setzen müssen, um wenigsten ein bisschen Aufmerksamkeit und Anerkennung zu erhalten. Arme Kreaturen. Betrachtet einmal die Menge in den „Clubs“, früher hießen die Lokalitäten noch Tanzlokal und später Discos, so wird man feststellen, dass sich dort eine Menge mit den nach oben gestreckten Armen und dicht gedrängte Menge wie eine Herde geisteskranker Affen den Bassrhythmen und dem Elektroschrott, der Musik genannt wird, wiegt. Wahrscheinlich gehöre ich zu der Generation, die das alles nicht mehr versteht. Unsere Eltern haben bestimmt ähnlich gedacht, als die ersten Beatrhythmen und die Bands aufgekommen sind. Das ist nun einmal die neue Zeit. Aber mit Party hat das wenig zu tun. Wo ist nur die schöne Zeit geblieben, als sich die Pärchen noch auf der Tanzfläche gegenüber standen, in den Armen gehalten haben und beim „Stehblues“ die ersten vorsichtigen und zaghaften Küsse gegeben haben? Ich weiß nicht, ob es noch die gute alte Tanzschule gibt. Wie viele Freundschaften und Ehen wurden dort geknüpft, die auch ein Leben lang gehalten haben? Oder man hat sich bei Freunden im Partykeller getroffen, um heimlich einmal ein Bier zu trinken, die erste Zigarette zu rauchen und die Freundin im Arm zu halten. Das war unsere Party und es wurde geredet … und vor lauter Lärm nicht angeschrien. Einen „Flashmob“ gab noch nicht. Diese Art der Feste waren Jahrmärkte, Konzerte und auch spontane Grillfeste im kleinen Freundeskreis.

Und die neue „Berufung“ für die sorglos und arbeitsunwillige Generation sind die „Influencer“. Einige dieser Influencer haben wirklich etwas auf dem Kasten. Sie sind schlau und wissen ganz genau, was angesagt ist und wohin der Trend geht. Genau in diese Kerbe schlagen die Influencer mit ihrer Werbung in den Medien und in ihren eigenen Kanälen. Sie verdienen nicht wenig Geld mit immer neuen Spots und „Likes“ und „Followern“. Sie geben den Trend für die Partygesellschaft vor. So können sich die Unternehmen sehr teure Werbekampagnen sparen und bezahlen lieber die Influencer. So müssen auch keine Verträge mit den Werbeagenturen abgeschlossen werden, denn wer „out“ ist, der ist gleich weg vom Fenster. Es gibt auch Influencer, die dumm wie ein Stück Holzkohle sind und ihr verpickeltes mit einer Zahnspange versehenes Gesicht in die Welt verbreiten. Aber man muss es ja nicht anschauen, noch nicht. Es ist nur eine Frage der Zeit, wann die Fernsehsender auf diesen Zug aufspringen und eine Dokuserie produzieren. Wieder eine „Trash“-TV Sendung mehr. Zu dieser Sparte gehören auch die

Blogger, Youtuber und so weiter. Dieser Personenkreis postet angefangen beim Frühstück, mit den entsprechenden Kommentaren wie „Mmhh" … „lecker"… „super, auch haben will". Das sagt doch schon alles über die Handyjunkies und Follower aus. Jede Kleinigkeit wird fotografiert und gepostet auf der Jagd nach Klicks. Das ist der Anfang für Kandidaten für blödsinnige und zum Fremdschämen ausgelegte Castingshows. Ich muss aber neidvoll zugeben, dass einige dieser kleinen Clips sehr amüsant sind und dem Betrachter doch ein lautes Lachen abringen. Sehr gut gemacht und besser als jede Comedyshow im Fernsehen. Es wird sehr oft auch nicht einmal geschrieben. Das neue Wort für die Handy-Generation zum Antworten heißt: „Emoji". Dies sind Piktogramme und/oder Ideogramme. Sie werden beim Versenden von SMS und Chats eingesetzt, um Begriffe zu ersetzen. Aber schon im 19. Jahrhundert gab es die sogenannten Setzerscherze. Also so ganz neu ist das nicht. Auch im Jahre 1938 schrieb ein Ludwig Wittgenstein, dass durch einfach gezeichnete Gesichtsausdrücke eine flexiblere und vielgestaltigere Beschreibungen als nur durch Adjektive möglich seien. Ab 1982 verbreiten sich die Emoticons im Internet und nun haben wir den Salat. Wer nicht mithalten kann, der wird sehr schnell feststellen müssen, dass viele Texte und Antworten nicht zu lesen sind. Wie unsere Eltern schon sagten: „Da merkt man erst, dass man alt wird“. Ich muss es leider auch feststellen, aber ich bemühe mich wenigstens ein bisschen mit der Zeit und der jungen Generation mitzuhalten. Das gelingt mir nicht immer, aber Stillstand bedeutet - Abstellgleis. Das dürfen gerne unsere Politiker und Staatsbeamte ebenfalls versuchen, nicht das Abstellgleis, sondern mit der Zeit zu gehen. Der Staub in den Plenarsälen und Amtsstuben wird vielleicht abfallen und sie sehen die Wirklichkeit. Unsere Politiker sind besorgt und diskutieren, was soll dem Volk noch passieren und wir sind in guten Händen.

Kapitel 18
Telefonwerbung und der Datenschutz

Wen haben nicht schon so oft diese lästigen und zu Unzeiten nervigen Werbeanrufe gestört? Werbeanrufe von ominösen Telefontarifanbietern, Gas- und Strommaklern, die nur das Beste mit ihren günstigen Tarifen für die Verbraucher und besonders ihre eigenen Brieftaschen möchten? Man muss sich schon die Frage stellen, woher all diese Typen die Telefonnummer bekommen haben, wenn diese private Nummer nirgends auftaucht. Ärgernis Telefonwerbung: Viele Menschen fühlen sich durch Anrufe belästigt, in denen zum Beispiel für Zeitschriftenabonnements oder einen neuen Telefontarif geworben wird. Verbraucherinnen und Verbraucher können sich aber gegen unerlaubte Werbeanrufe wehren, indem sie diese bei der Bundesnetzagentur anzeigen. Was dabei zu beachten ist und wie die Bundesnetzagentur vorgeht, um einen effektiven Verbraucherschutz zu gewährleisten, kann bei dieser Agentur erfragt werden. Und das sollte getan werden, um diesen meist unseriösen Zeitgenossen das Handwerk zu legen. Was gilt als Telefonwerbung? Unter den Begriff Telefonwerbung fallen alle Anrufe, die der Zielsetzung folgen, den Absatz von Waren oder die Erbringung von Dienstleistungen

zu fördern. Sehr oft unter NACHDRUCK und mit BELEIDIGUNG und Drohung. Geworben wird dabei oftmals für blödsinnige Abonnements sowie mit Verträgen, zum Beispiel für einen neuen Stromtarif. Häufig sollen die Angerufenen während des Gesprächs zu einem Vertragsabschluss gedrängt werden. Was ist z. B. keine Telefonwerbung? Sogenannte „Phishing-Anrufe“ sind keine Telefonwerbung, auch dann nicht, wenn Firmennamen oder Produkte genannt werden. Bei „Phishing-Anrufen“ versuchen Trickbetrüger an sensible Daten wie Kennwörter oder Bankdaten zu gelangen. Der Anruf wird nur als Mittel zur Begehung oder Vorbereitung von Straftaten genutzt. Nähere Informationen können ebenfalls bei der Bundesnetzagentur bezogen werden.
Anrufe zu Markt- und Meinungsforschung stellen grundsätzlich keine Telefonwerbung dar, wenn jedoch mit einer getarnten und sogenannten Umfrage Absatzförderung betrieben wird, kann es sich sehr wohl um unerlaubte Telefonwerbung handeln. Was dürfen Werbeanrufer nicht? Verbraucherinnen und Verbraucher, ohne deren ausdrückliche vorherige Einwilligung zu Werbezwecken anzurufen, ist gesetzlich verboten. Fehlt eine solche Einwilligung, handelt es sich um einen unerlaubten Werbeanruf, einen sogenannten Cold Call. Ferner dürfen Anrufende bei Werbung mit

einem Telefonanruf ihre Rufnummer nicht unterdrücken. Aber wer hält sich schon daran, denn es könnte ja auch die Oma sein, also geht man an das Telefon und schon ist man im Gespräch gefangen. Die wirksame Werbeeinwilligung? Um das Verbot unerlaubter Telefonwerbung zu umgehen, berufen sich manche Anrufer auf eine „angebliche Einwilligung“, die die Verbraucherin oder der Verbraucher gar nicht abgegeben hat. Beispielsweise behaupten die Anrufer, dass der Angerufene an einem Online-Gewinnspiel teilgenommen und hierbei sein Einverständnis erklärt hat. Ist mir bestens bekannt.

Eine Werbeeinwilligung ist eine konkrete Erklärung einer Verbraucherin oder eines Verbrauchers, dass sie/er mit einem Werbeanruf einverstanden ist. Die Erklärung ist nur dann wirksam, wenn die Verbraucherin oder der Verbraucher bei deren Abgabe erkennen kann, welches Unternehmen, welche Dienstleistung oder Produktgruppe telefonisch bewerben möchte. Die Erklärung muss also transparent und verständlich sein. Eine Einwilligung zu Beginn des Telefonats einzuholen, ist nicht erlaubt. Vielmehr muss sie bereits vor dem Anruf vorliegen. Wie geht die Bundesnetzagentur gegen unerlaubte Telefonwerbung vor? Die Missachtung der gesetzlichen Regelungen ist bußgeldbewehrt und kann als Ordnungswidrigkeit durch die Bundesnetzagentur verfolgt werden. Bei Verstößen gegen das Verbot der unerlaubten Telefonwerbung kann die Behörde Bußgelder von bis zu 300.000 Euro verhängen. Eine Rufnummernunterdrückung bei Werbeanrufen kann mit Bußgeldern bis zu 10.000 Euro geahndet werden. Eine Liste mit allen Maßnahmen kann im Internet bei der Bundesnetzagentur eingesehen werden. Wie legt man eine Beschwerde bei der Bundesnetzagentur ein? Zur effektiven Verfolgung unerlaubter Telefonwerbung ist die Bundesnetzagentur auf die der Mithilfe der Telefonteilnehmer angewiesen. Sehr viele dieser Anrufer haben eine deutsche Vorwahlnummer, sitzen aber im Ausland und zeichnen die Gespräche vom ersten Wort auf. Also niemals persönliche Daten nennen, auch kein „Ja" in den Hörer. Diese Typen schneiden die Gespräche so zusammen, dass daraus eine Einverständniserklärung wird.

Nochmals: Verbraucherinnen und Verbraucher ohne deren ausdrückliche vorherige Einwilligung zu Werbezwecken anzurufen, ist gesetzlich verboten. Fehlt eine solche Einwilligung, handelt es sich um einen unerlaubten Werbeanruf, einen sogenannten Cold Call. Da hilft auch das Datenschutzgesetz nicht mehr. Es ist im Ausland nicht gültig.

Ach ja, unser Datenschutzgesetz. Egal, wo man hinkommt, zum Arzt, einer Behörde, bei Onlinebestellungen oder Ähnlichem, sofort wird dieser Stapel Blätter in die Hand zum Ausfüllen gedrückt. In der Diskussion hinsichtlich der personenbezogenen Daten gibt es einen essenziellen Unterschied zwischen Datenschutz und Datensicherheit. Beim Datenschutz handelt es sich um das Recht jeden Bürgers auf den Schutz seiner personenbezogenen Daten und informationeller Selbstbestimmung. So die Theorie. Die Datensicherheit betrifft hauptsächlich die Aufbewahrung dieser Daten. Die Begriffe Datenschutz und Datensicherheit werden in der Praxis regelmäßig synonym, also der Unterschied zwischen dem Wort und dem eigentlichen Begriff verwendet. Dabei unterscheiden sie sich zum Beispiel in den mit ihnen verfolgten Zielen. Geht es bei der Datensicherheit um den Schutz von Daten allgemein, so müssen im Datenschutz personenbezogene Daten geschützt werden. Aus diesem Grund gibt es die Aussage, dass Datenschutz ohne Datensicherheit nicht möglich ist. Allerdings existieren auch Ausnahmen, die zeigen, dass Maßnahmen zur Datensicherheit dem Datenschutz auch schaden können. Schon oft erlebt und die Bürger sind selbst schuld, wenn ihre Daten in die Internetwelt geblasen werden.

Kapitel 19

COVID19-Idioten, Verschwörungstheoretiker, eine Gefahr für unsere Gesellschaft?

Willkommen am Tag der Freiheit, dem Tag, an dem die Pandemie, die die Welt seit Monaten in Atem hält, zu Ende ist. Das glauben die Teilnehmer an diesen Demonstrationen mit vollster Überzeugung. Der Tag der Freiheit? Wie bereits in diesem Buch geschrieben, die grenzenlose und hemmungslose Freiheit wird unseren Staat noch in die Knie zwingen. Das Hirn schaltet ab, wenn sich einige Zeitgenossen aus Langerweile und Unterforderung zu irrwitzigen Aktionen hinreißen lassen. Der Herdentrieb ist sehr stark bei diesen irrgeleiteten Menschen. Das ist die Version der Wirklichkeit jener, die seit dem Vormittag durch die City der Hauptstadt ziehen. Ohne Maske, ohne Respekt, ohne Scham. Bunt gemischt sind sie, angereist aus der ganzen Republik, Familien demonstrieren gemeinsam mit Rechtsextremen, Esoteriker mit bedrückt blickenden Frauen aus Wolfsburg, Antisemiten mit den „Corona-Rebellen“ aus dem Rheinland. Auf der Corona-Demo herrscht der Ausnahmezustand – Polizei ist lange kaum zu sehen, obwohl die Hygieneregeln nicht eingehalten werden. Warum denn auch?

Was sollten die armen und unterbezahlten Staatsdiener ausrichten? Willkommen im Berliner Ausnahmezustand.

Zwei Stunden zieht der Zug durch die Leipziger Straße, in diesen zwei Stunden ist kaum Polizei zu sehen. Weder um den Verkehr zu regeln, noch, um die Proteste zu beenden – schließlich werden hier weder die Hygiene- noch die Abstandsregeln eingehalten. Im Gegenteil: Journalisten, die eine Maske tragen, werden im Minutentakt angepöbelt, als „Idioten" beschimpft. Hier herrscht Voraufklärung, hier herrscht Querdenken. Quer, ein anderes Wort für schräg. Das schlimmste ist doch, dass alle Schichten der Gesellschaft daran teilgenommen haben. Wie dämlich und ungebildet muss man sein, die ernst Lage dieser Pandemie nicht zu erkennen? Auch junge gelangweilte und nicht integrationswillige Männer haben sich angeschlossen und randaliert.

Da sind wir wieder bei Kapitel 6 und Kapitel 3. Diese Typen argumentieren auf ihr Recht auf Versammlungsfreiheit. Ja, das ist ein Grundrecht, aber wenn es um die Gesundheit der Allgemeinheit geht, dann muss dieses Recht zurückstehen. Es ist ja nicht für alle Zeiten und in Stein gemeißelt. Wenn diese Deppen andere gesunde Menschen anstecken, dann müssen dies Typen zur Rechenschaft gezogen werden und auf fahrlässige schwere Körperverletzung verklagt werden. Wenn diese Menschen andere Bürger mit ihren Aktionen ins Krankenhaus bringen, weil sie sich angesteckt haben und dort mit dieser Infektion sterben, dann ist das Totschlag und bedeutet Knast. Wieso ist es in diesem Saat möglich, dass einzelne Vergehen strikt geahndet werden, aber sobald der Pöbel in Maßen auftritt und das Recht wissentlich bricht, dann passiert nichts und der hilflose Staat sieht einfach nur zu. Alle Maskenverweigerer sollten in eine „Gruppen-Quarantäne“ gesteckt werden und dürfen nach zwei Wochen wieder raus. Die Maskenverweigerer und COVID19-Idioten, die sind dann die ersten, die um Hilfe betteln und jaulend ins Krankenhaus möchten. Es macht Hoffnung, dass die junge Generation, also die Generation bis 20 Jahre, sich an die Regeln hält und kein Problem mit dem Maskentragen haben. Die soziale Herkunft und der Bildungsgrad spielen dabei eine große Rolle.

Fazit: Dumme Menschen sind und waren schon immer ein überflüssiges Übel. Die Verschwörungstheorien sind schon sehr alt. Die Menschheit braucht diese Fantasien, um ihren kranken Realitätsverlust rechtfertigen. Schon im 12. Jahrhundert wird erstmals behauptet, dass die Juden ein christliches Kind entführt hätten, um es an dem Pessach-Fest zu ermorden. In Norwich, der damals zweitgrößten englischen Stadt, wurde 1144 der christliche Junge William tot aufgefunden. Wie bei ungeklärten Todesfällen üblich, wurden ortsansässige Juden als seine Mörder verdächtigt, aber der örtliche Landvogt schützte sie und ein Gericht wies die Anklage ab. Um 1150 kam ein Benediktiner Mönch nach Norwich und schrieb von da an bis zu seinem Tod 1172 sein siebenbändiges Werk „The Life and Passion of Saint William the Martyr of Norwich“. Er behauptete, Juden hätten den 12-jährigen William im März 1144 gekauft, gemartert und gekreuzigt. Ostersamstag habe man seine Leiche gefunden. An seinem Grab hätten sich fortan immer wieder Wunder ereignet. Die als Faktenbericht ausgegebene Legende sollte einen Heiligen- und Märtyrerkult in Norwich etablieren, wundergläubige Pilger anwerben und so Einkünfte für den 1096 begonnenen Bau einer Kathedrale gewinnen. Obwohl der Papst diesen Kult nicht autorisierte, stimmten die englischen Bischöfe dem Vorhaben zu und legitimierten damit auch den Ritualmordvorwurf gegen Juden. Soviel zu der Kirche. Kapitel 1 in diesem Buch. Besonders während der großen Pestepidemien im 14. Jahrhundert wurde sozialen Randgruppen, meistens den Juden, vorgeworfen, sie hätten durch die Vergiftung der öffentlichen Brunnen die Seuche verursacht, um die Christenheit zu vernichten.

Dies zeigt, dass die dummen Menschen immer einen Schuldigen suchen, um ihre perfiden Ansichten zu verbreiten. Der Volksglaube, dass Naturkatastrophen und Krankheiten in Wirklichkeit von Schadenzauberern (Hexen) verursacht seien, wurde im 15. Jahrhundert von Theologen aufgenommen und zur Vorstellung einer geheimen Hexensekte im Bund mit dem Teufel ausgebaut, was jahrhundertelang Verfolgungen angeblicher Hexen zur Folge hatte. Natürlich wird heute niemand mehr verfolgt, aber die irren COVID19-Leugner akzeptieren nicht, dass es diese Pandemie gibt. Wie weltfremd diese Verschwörungstheoretiker sind zeigt doch, die These der Flat Earth Society propagiert bis heute, die Erde sei eine Scheibe. Zur COVID-19-Pandemie existiert eine Vielzahl von Verschwörungstheorien, die auf Falschinformationen beruhen, wie beispielsweise auf Bill Gates bezogene Thesen, biologische Waffen, 5G-Strahlung, jüdische Verschwörung, neue Weltordnung beziehungsweise Weltregierung. Unzählige Verschwörungstheorien können im Netz nachgelesen werden und alle sind so unfassbar, dass anscheinend im Kopf gesunde Menschen daran glauben und diese Theorien auch noch verbreiten. Schlimmer noch, dass so viele Spinner hinterherlaufen. Die Berliner Spinner, die häufig demonstrieren und alle Regeln brechen, die gefährden die innere Sicherheit. Wie kann es angehen, dass diese Spinner auf den Stufen des Reichstages sitzen und sogar in dieses ehrwürdige Haus einzudringen versuchen? Mit der in Deutschland gegeben Freiheit kommen dies Gestalten nicht klar. Am schlimmsten sind die Politiker, die den geistigen Müll verbreiten, wenn die Polizei diesen Reichstag abriegelt, um ihn zu schützen, um sogleich die These ausplaudern, der Reichstag sei doch keine Festung. Na, ich möchte diese Tussi aus der grünen Partei einmal sehen, wenn der Reichstag gestürmt wird, wenn die Abgeordneten und vor allem sie selbst darin sind. War sie es nicht, die sich gegen Drohungen gewehrt hat und nach Polizeischutz gejault hat? Und nun aus ihrem sicheren Versteck heraus das Maul aufreißen, das sind unsere Volksvertreter. Aber unsere Volksvertreter diskutieren und sind besorgt, dann ist doch alles gut. Und unsere Hauptstadt Berlin entgleitet unserer Politik. Unserer Politiker haben diese freie Stadt nicht mehr im Griff und unter Kontrolle. Wo soll das denn noch enden? In einer Anarchie? Es ist auch kein Wunder bei dieser Regierungskonstellation. Rot-Rot-Grün. Da ist doch das Chaos schon vorprogrammiert und es ist kaum vorstellbar, wenn diese Regierungskoalition unser gesamtes Land regieren würde. Chaos und anarchische Zustände wären die Folge. Diese Politiker sind fern jeder Realität und leben noch in der Vergangenheit des Sozialismus und der Gleichheit. Man hat doch gesehen, was dabei herausgekommen ist. Der Untergang eines Staates! Das deutsche Volk müsste flüchten und es bleibt zu hoffen, dass auch wir dann Aufnahmeländer finden, die uns so wohlgesonnen sind, wie wir den Emigranten!

Deutschland, Quo Vadis?

Schlusswort

Ich habe in diesem, meinem Buch sehr oft das Wort „Gutmensch“ benutzt und für manche Themen verwendet. Ich stehe zu diesem Ausdruck. Denn das ist kein Schimpfwort oder eine Diskriminierung wie von so vielen Mitbürgern ausgelegt wird. Warum? Es setzt sich zusammen aus „Gut“, also einem guten „Mensch“. Was ist dagegen einzuwenden? Leider wird in diesem Land jeder Ausdruck oder jede Aussage sofort als etwas Negatives ausgelegt. Man muss es im Zusammenhang lesen und auch verstehen. Das wiederum fällt vielen Menschen sehr schwer, sei es aus mangelndem Intellekt oder der fehlenden Bildung. Am schlimmsten sind die Heuchler, die aus unserer Geschichte heraus alles in die rechte Ecke drängen. Ein typische Beispiel für das deutsche Unverständnis ist das Wort „Kanake“. Zuerst einmal, es sind Ureinwohner der Südseeinseln, besonders Neukaledonien und heißt „Mensch“. Der Begriff wurde selbstverständlich in Deutschland, wo auch sonst, für Menschen aus anderen Ländern, meistens Türken vergeben. Dahinter verbirgt sich eine Geschichte des Kolonialismus und des Menschenhandels und der Zwangsarbeit Anfangs des 20 Jahrhunderts. Seit den sechziger Jahren heißen die Ausländer hierzulande bei Rassisten eben Kanaken. In den 60ern wurden auch einfältige oder vertrottelte Menschen, auch Deutsche, mit diesem Wort betitelt und niemand störte sich daran. Niemand sollte so angesprochen und betitelt werden, denn wir sind alles Menschen und haben eine Identität und eine Nationalität. Was würden wir Deutsche sagen und wie würden wir uns fühlen, wenn im Ausland: „Hey du Deutscher“, „Kraut“ oder schlimmer noch „Nazi“ gerufen würde als Schimpfwort, oder als Gleichsetzung mit den Faschisten aus vergangener Zeit? Wieso darf man ohne Anfeindungen die Gesänge anstimmen, die jede Woche in den Stadien zu hören sind? Dort wird laut gegrölt: „Zieht den Bayern die Lederhose aus“. Diese Hose ist ein Kulturgut und selbst die Nichtbayern ziehen diese Hose oder ein Dirndl an, wenn es auf das Oktoberfest geht. Was wäre, wenn gesungen würde: „Zieht den Moslems die Burka aus?“ Es ist nur ein Kleidungsstück mit religiösem Hintergrund, auch eine Art von Kultur, im weitesten Sinne. Nur gemeinsam sind wir eine starke Nation mit allen Mitbürgern, die sich in die Gemeinschaft einbringen wollen. Die Schmarotzer, die unser System nur zum Vorteil ausnutzen und sich nicht einfügen und integrieren möchten, die müssen raus aus unserem Land, denn diese Gesellen brauchen wir nicht. Diese Leute machen alles kaputt was sich unsere

Großeltern, Eltern und auch wir geschaffen haben. Sie setzen sich ins gemachte Nest, missbrauchen unsere Gutmütigkeit und strapazieren unsere Polizei, die Gerichte und unsere Nerven. Wer und warum also braucht dieses Pack. Wir sind und bleiben eine Multikultigesellschaft, denn ohne diese Gesellschaft kann ein Staat nicht überleben, in der heutigen Zeit.

Nicht zu vergessen die vielen Gastarbeiter, die wir nach Deutschland geholt haben. Die ersten Arbeiter kamen 1955 aus Italien, dann 1960 aus Spanien, 1961 aus der Türkei und später kamen nach und nach viele andere Länder dazu. Wir haben diese Menschen angeworben, um unsere kriegsgeschädigte Landschaft und Industrie wiederaufzubauen. Also ist es sehr unfair und verwerflich, wenn einige Deutsche diese Mitbürger, die sich seit Generationen in unserem Land eine Heimat geschaffen haben, immer noch als Ausländer und Kanaken beschimpfen. Aber was hätten wir denn für eine Esskultur ohne Italiener, Türken, Griechen und so weiter. Wer möchte denn schon auf ein italienisches Eis, eine Pizza, einen Döner oder andere Spezialitäten verzichten? Nur Sauerkraut, Schnitzel und Schweinbraten, ich weiß nicht. Nur unsere Damen und Herren in der Politik müssen sich einmal Gedanken machen. Sie sind vom Volk für das Volk gewählt und keine von Gott gesandten Abkömmlinge oder Lehnsherren.

In den einzelnen Kapiteln habe ich alles beschrieben, was mir so einfällt und was ich gerne mit den Verantwortlichen in meiner leider niemals möglichen Bundestagsrede besprechen würde. Deswegen habe ich alles aufgeschrieben. Über die katholische Kirche sage ich nichts mehr, denn da ist jedes Wort zu viel und es hilft nur, aus diesem Verein auszutreten, solange sich dort nicht etwas grundlegend ändert.

Und nochmal etwas zum Thema Flüchtlinge und unserem Deutschland. Da es hier in diesem Land sehr schwer ist, seine Meinung frei zu äußern, ohne dass man sofort in die rechte Ecke gedrängt wird, schreibe ich alles auf, was mir auf der Seele brennt. Ich möchte niemand beleidigen, diskriminieren oder in eine Ecke stellen, solange ich die Personen nicht persönlich kenne. Dem Shitstorm, wie heute leider üblich, werde ich mich nicht anschließen. Dies überlasse ich den charakterschwachen und unterbelichteten Zeitgenossen. Ich bin dankbar, dass ich in Deutschland leben darf und kann, mein Auskommen habe, die Meinungs- und Redefreiheit ausüben kann und ich bin stolz auf „meine“ Bundesrepublik Deutschland und bin stolz, ein Deutscher zu sein. Soll ich mich dafür schämen? Nein! Niemals. Was kann die jüngere

Generation für die schändliche Vergangenheit? Und wem diese Aussage nicht passt, der kann mich gerne kontaktieren und dann können wir Auge in Auge alles besprechen. Die anderen, die es anonym versuchen, denen kann ich nur den Spruch des Götz von Berlichingen und den Schwäbischen Gruß ans Herz legen. Lest nach, wenn ihr nicht wisst, wovon ich rede. Dieser Spruch ist aber ein Stück Kulturgut. Der nach immer mehr Verboten rufende Spießer des 21. Jahrhunderts verlangt die Reinheit und Ehrlichkeit nur von anderen und ist zu feige, selbst die teuren Konsequenzen aus seiner Moral zu ziehen. Ich habe meine eigene und persönliche Meinung als Autor in diesem Buch wiedergegeben und beziehe mich auf die mir bekannten und frei zugänglichen Informationsquellen. Und was die nervige und endlose Diskussion über einzelne Worte anbetrifft. Nicht die Worte allein sind diskriminierend, sondern die Gesinnung der Personen, die diese Worte verwenden und aus dem Zusammenhang reißen und zweckentfremden. Dort muss unsere Gesellschaft und die Politiker beginnen. Aber dies ist zu unbequem und viel zu arbeitsreich. Armes reiches Deutschland, obwohl keiner genau weiß, wie „reich“ dieser Staat eigentlich noch ist! Statistiken können immer so gestaltet werden, dass diese gut verkauft werden können und solange es noch die Haushaltsnachbesserungen, die Diätenerhöhungen und Milliardengräber gibt, so lange geht es uns gut!

Ein letztes noch, die deutsche Staatsverschuldung! Was ist denn eine Staatsverschuldung? Die Definition für diese Form der staatlichen Verbindlichkeiten lautet wie folgt: Als Staatsverschuldung allgemein bezeichnet man die Summe aller Verbindlichkeiten gegenüber Dritten. Sie setzt sich zusammen aus der Verschuldung von Bund, Länder, Gemeinden und deren Verbänden und der Sozialversicherung einschließlich der Extrahaushalte. Diese öffentlichen Verbindlichkeiten gelten gegenüber den Banken, Privatunternehmen oder sonstigen Geldgebern im In- und Ausland. Diese Verschuldung wird jährlich durch die Bundesbank und dem Statischen Bundesamt publiziert. Im Jahr 2020 beträgt die Staatsverschuldung über **2 Billionen Euro! Tendenz steigend**. Dies ergibt eine pro Kopf Verschuldung von ca. 26.500 Euro…für jeden Bundesbürger! Aber uns geht es doch gut! Also weiter so mit der großzügigen Geldverteilung und den Hilfen für alle notleidenden Länder. Darin sind unsere Volksvertreter sehr großzügig und wohlwollend, denn es ist ja nicht ihr Geld! So kann man sich auch Freunde und Respekt in der Welt erkaufen!

Deutschland, Quo Vadis?